株で資産を蓄える

～バフェットに学ぶ失敗しない長期株式投資の法則～

足立眞一

開拓社

株で資産を蓄える

～バフェットに学ぶ失敗しない長期株式投資の法則～

足立眞一

はじめに

21世紀の幕開けとともに投資の世界には大きな変化が出始めた。

本文で詳しく述べるが、資産運用に大きな変革をもたらしたインターネット出現によるＩＴ革命の衝撃であった。変化は日々めまぐるしく継続し、渦中のなかで立ち止まっているだけでは変化の勢いに流されてしまう。

その一方で、証券市場の変化のスピードは、これまでの歴史では考えられなかった資産家を生み出している。自宅でＰＣの画面を叩く個人投資家は入力した注文が「瞬き」をするよりも早く成立する体験から、この変化の片鱗を肌で感じているはずだ。

ウォール街では証券運用で資産を築いた成功者の基準は20年前には資産1０００億円（ビリオネイヤー）であったが、いまやその金額は1兆円と途方もない金額になってきた。この勢いは止まることを知らず、資産額がモロッコ1国のＧＤＰに等しい金額（10兆円強）を手にする力をもつ富豪も出てくるかもしれない。その時代が見えてきている。こんなことを考えるようになったのは21世紀に突入してからで、その勢いは停滞するどころかさらに強まっていくだろう。

21世紀にはいったとき、米バロンズ誌は20世紀が生んだ3人の偉大な投資家にウォーレン・バフェット、ピーター・リンチ、ビル・ミラーを選んだ。

ウォーレン・バフェット（バークシア・ハザウェイの経営者）は現在、世界長者番付では第三位で670億ドル（7兆3700億円）とトップのビル・ゲイツ（マイクロソフト創始者）の750億ドル（8兆2500億円）の後を追う。大半がバークシア・ハザウェイの株だが、2人の間には親交があり、ビル・ゲイツはバークシア・ハザウェイの社外重役のメンバーの1人である。

ピーター・リンチは1977年から1990年までの13年間、米投信マジェラン・ファンドを運用し140億ドル（1兆5400億円）という世界最大の規模にした。投資信託の世界の歴史に名を残す。

21世紀にはいった現在は1兆円を上回る規模のファンドが散見されるようになり、1990年当時には断トツの大規模な投資信託であったマジェラン・ファンドの規模を上回るファンドが現れるようになってきた。しかし彼が17年間に残した運用成果28倍の記録を破る投信の運用者はその後も出現していない。

この2人に比べビル・ミラーの知名度は劣るが、15年間にわたり毎年、連続してS&P500を上回る成果を上げ、「長い間にわたって連続してS&P500の成果を上回ることは不可能」という投資理論の学説を打ち破り、米メジャーリーグでの伝説的な打者ジョー・ディマジオの偉業にたとえて賞賛される。

これら3人の投資行動を追いかけてみると数えきれない教訓が得られる。私はこの3人の活躍した時代に証券投資の世界で身を置けて幸せであった。ピーター・リンチは投資の世界から身を引き、資産運用での成功体験を多くの後続する投資家へ伝える教育に力をいれている。

ビル・ミラーは古巣の投資銀行から、投資顧問会社を買い取り2016年夏から再出発した。彼の投資でのアドバイスには引き続き大きな関心をもって耳を傾けている。

本書はこれら3人の偉大な投資家の成功の足跡を3本柱にし、絶えず頭に置きながら書き進めてきた。偉大な投資家はウォール街という土壌で生まれた。世界最大の革新的な証券市場だから生み出されたといえる。その後も資産運用での新しい成功者が絶えず生まれ、富を築く競争の場になっている。

ここ30年は、1987年のブラックマンデー、2001年のアメリカ同時多発テロ事件、

２００８年のリーマンショックなどの大事件をくぐり抜け、いまや名実ともに世界株式取引所ともいえるウォール街になった。金融・証券のすべてはそこから始まる。

そのような視点で本書を書いた。

これまで20冊以上の投資関連の書物を書いてきたが、ＰＣを使って書き上げたのは初めてである。各項目を書き進め原稿のブロックを積み上げながら仕上げた。

ここでも情報化時代の便利のよさを十分に味わった。

ビル・ミラーはウォーレン・バフェットやピーター・リンチとは異なり早くからアメリカン・オンライン、デル、アマゾン、グーグルなどここ20年間に大きく成長した銘柄の投資に力をいれ、いずれも株価は１００倍以上になった。１００倍になる株を生み出す時代は今後も続くという強い確信を持ちながら本書の筆を進めた。

本書の執筆中には開拓社取締役会長の錦光山和雄、編集者の野口英明、両氏に助言をいただいた。感謝の意を表したい。

第2章 テン・バガー（10倍株）を見つけるリンチの心得

第3章 投資戦略を左右する海外投資家の動向

第4章　15年間、市場平均を打ち負かしたミラーの奇跡

第5章　株式投資で大事なことはウォール街で学んだ

第6章 10倍株を発掘する株式投資の実践編

チャート出所元／ＭａｒｋｅｔＷａｔｃｈ

第1章

史上最高の投資家、バフェットの投資原理

バフェットの名声がますます高まった理由

歴史上、世界最高の投資家は米国のウォーレン・バフェットである。いまでこそバフェットは日本でも多くの投資家に知られているが、1990年の初めには英語での姓（Buffet）を正確に発音できる人は日本でも少なかった。

1994年のある日、評論家の故三原淳雄氏の研究会に招かれた。そこで、当時、ウォール街でベストセラーになったバフェットについての書物を紹介したところ、同氏から「実は翻訳の準備中です」と打ち明けられた。翌年、『株で富を築く　バフェットの法則』（原書「The Warren Buffet Way」／ロバート・G・ハグストローム著／三原淳雄・土屋安衛共訳／ダイヤモンド社）の題名で翻訳書が出たのがきっかけで、バフェットのことが日本でも広がり始めた。

この本の著者は米国の名門投資銀行レッグ・メイソン社の若手運用者のロバート・G・ハグストロームである。翻訳本のおかげで日本でもバフェットの名声は高まり、投資の神様の行動に関心をもつ投資家も増加し始めた。

執筆者ハグストロームも、その書物が人気を呼び、レッグメイソン社ではバフェット流の投資でポートフォリオを組んだ投資信託を組成し販売した。米国らしいアイディアにはさすがと感心した。運用者はもちろんハグストロームだ。

ウォーレン・バフェットの名声はこの20年余の間でますます高まった。それは、彼がバークシア・ハザウェイを1965年に会社組織にし、経営を始めてから2015年までの間に、＋159万8284％の成果を上げたことが広く知れわたり、メディアでの露出度が多くなったからである。

彼の知人でバフェットが運用を始めた1965年からバフェットに投資して、最近まで保有した投資家がいる。バフェットは偉大だが米国には、このような忍耐力があり先行きを読むすぐれた投資家も存在することには驚いた。

1980年代後半以降、私はバフェットに大きな関心をもち彼の投資の足跡をなによりもの投資のバイブルにしている。

バフェットはバークシア・ハザウェイという大企業をつくり上げた。傘下には90社以上の会社を運営するコングロマリット企業である。初めは投信やヘッジファンドのような投資組織で成功し、その後は有望企業をグループ企業に加え継続的にキャッシュフローを生み出す企業体をつくり上げ、一種のコングロマリットにした。バフェットが史上初めて考案した証券投資の運用とコングロマリット経営を行う企業体である。投資分野は金融、公共、エネルギー、鉄道、化学、機械など多岐にわたる。

バフェットの投資法則について、ここで細かく紹介することは限られるが、最近、彼の話題や投資論が毎日のようにメディアで取り上げられているので、いくつかの注目点を私なりに記述したい。

バフェットがバイブルにした教科書

バフェットはネブラスカ大学を卒業後、1950年にコロンビア大学の大学院に入り投資のバイブルといわれる『証券分析』（グレアム&ドッド著）を書いたデービッド・ドッドの教室にはいった。800ページにわたる『証券分析』のどの部分でもすぐに引用できるぐらい精読、暗記した。

彼が『証券分析』から得た三つの真理がある。

①株式投資は一部を所有する権利である

②安全マージンを利用する

投資は予想と不確実性の上に築かれる。安全マージン（18ページ、199ページ参照）

が大きければ、投資成果で失敗しても帳消しにはならない。後ずさりしないのが前進への道である。

③ミスター・マーケット（＝大衆投資家）は主人公ではなく〝しもべ〟であるグレアムは架空上のきまぐれな人物を創造した。この人物は毎日株を売買している。株価に不合理な価格をつけることが多いが、彼はときどき安値で買い高値で売るチャンスを提供する。

ここに上げた三つの真理を銘柄選択の初歩段階では必ず念頭においてきた。そして、株式投資は発行株式数の一部を所有することであるというバフェットの有名な教えがあるが、これは、株価の動きを追いかけるのではなく企業業績の成長による取り分を享受することである。このような考え方を投資家に要求しても一般には無理で、株価が上がれば売りたくなるのが普通である。しかし、バフェットが長年の投資で前人未踏の成果を上げてきた最大の秘訣はここにある。

「バフェットをコピーする」という言葉がある。表現を替えるなら「バフェットに提灯をつける」ことを意味する。

私はリーマンショック（２００９年春）のときに、彼が買い増した米大手銀行ウェルズ・

ファーゴ（ＷＦＣ）の株式に提灯をつけた。それから7年の歳月が過ぎたが、株価は大きく上昇して、彼のいう「株式は一部を所有する権利」という投資の醍醐味を味わっている。投資金額は5倍になった。

この銀行はＪＰモルガン銀行と並ぶ米最大手銀行だが、リーマンショック時にもビクともしなかった。最近もバフェットは手元に資金が余ったら買い増している。２０１６年、ウェルズ・ファーゴの営業社員にノルマを課して不正が起こり問題となったが、長期間の成長の成果に揺るぎはない。バフェットはウェルズ・ファーゴへの長期投資の考えは「不変である」と語った。

名経営者という高い安全マージン

安全マージンという言葉は日本の投資家に目新しい言葉だが、バフェットが好む銘柄選択に当たって念頭におくことである。企業分析では「経営者の手腕」を第一に注目する。

この判断は一般の投資家には難題で、バフェットや専門の運用者だけが的確に判断する力をもつが、最近、バフェットの教えを念頭において経営者の言動を調べていたら、日本の株式市場でも優れた経営者を見つけた。カルビー（２２２９）の松本晃会長がその１人である。

年2回の近況説明会に出席してきたが、この会社を成長株にした立役者である。スナック菓子のメーカーを世界的な企業にするために舵を取る。カルビーの投資にはこの名経営者という高い安全マージンが存在している。具体的な数字には表せないことだが、バフェットの重要視することがこの経営者をみているとよく理解できる。

ミスター・マーケットは、バフェットがしばしば口にする市場でみられる個人投資家や投機家である。高く仕入れて安値で投げる人たちである。ミスター・マーケットは世界の株式市場ではどこでも派手に動いているが、株式投資で大きな財を築いた話は聞かない。オンライン・ブローカーを利用して1日に何回も売買を繰り返し、株価の人気の動きだけをみて投資をする人たちである。

私はバフェットのように痛烈に批判をするつもりはないが、この種の売買で成功できるのは株価変動のスクリーンをにらんで機敏に投機するごくわずかのプロたちで、長期にわたって財を大きく築いた例は少ない。ミスター・マーケットが総弱気になるリーマンショックのようなときは、バフェットにとっては千歳一遇の好機であった。これまで豊かな経験と強い信念をもつ人だけが実行できることである。

バフェットのポートフォリオ投資の主な銘柄

バフェットはグレアム&ドッドの『証券分析』をバイブルにして投資人生を歩み、世界最高の投資家にのし上がったが、現在のポートフォリオ投資（企業経営には参画しないから企業価値の上昇と配当収入が目的）の主な銘柄をみてみよう。

①ウェルズ・ファーゴ（WFC）

米国の最大手銀行で米国の西海岸を中心に力点を置いて成長してきた。最近も手元資金に余剰が出ると折に触れ買い増し筆頭株主になった。この銀行は日本では知名度は低いが米国では個人の間でも評判のよい堅実な金融機関だ。住宅融資に力を入れるが、堅実な経営方針でリーマンショック時にも被害は少なかった。バフェットをコピー（提灯をつける）する場合には是非とも投資したい株である。

②コカコーラ（KO）

説明の必要のない銘柄であり、市場ではあまり話題にも上らないが、相場環境の不透明なときには威力を発揮する。2016年5月現在では1年間で+14%とS&P500の横ばいに対して抜群の成果を上げた。毎日、株価の動きを意識してみているとバ

ウェルズ・ファーゴ（WFC）

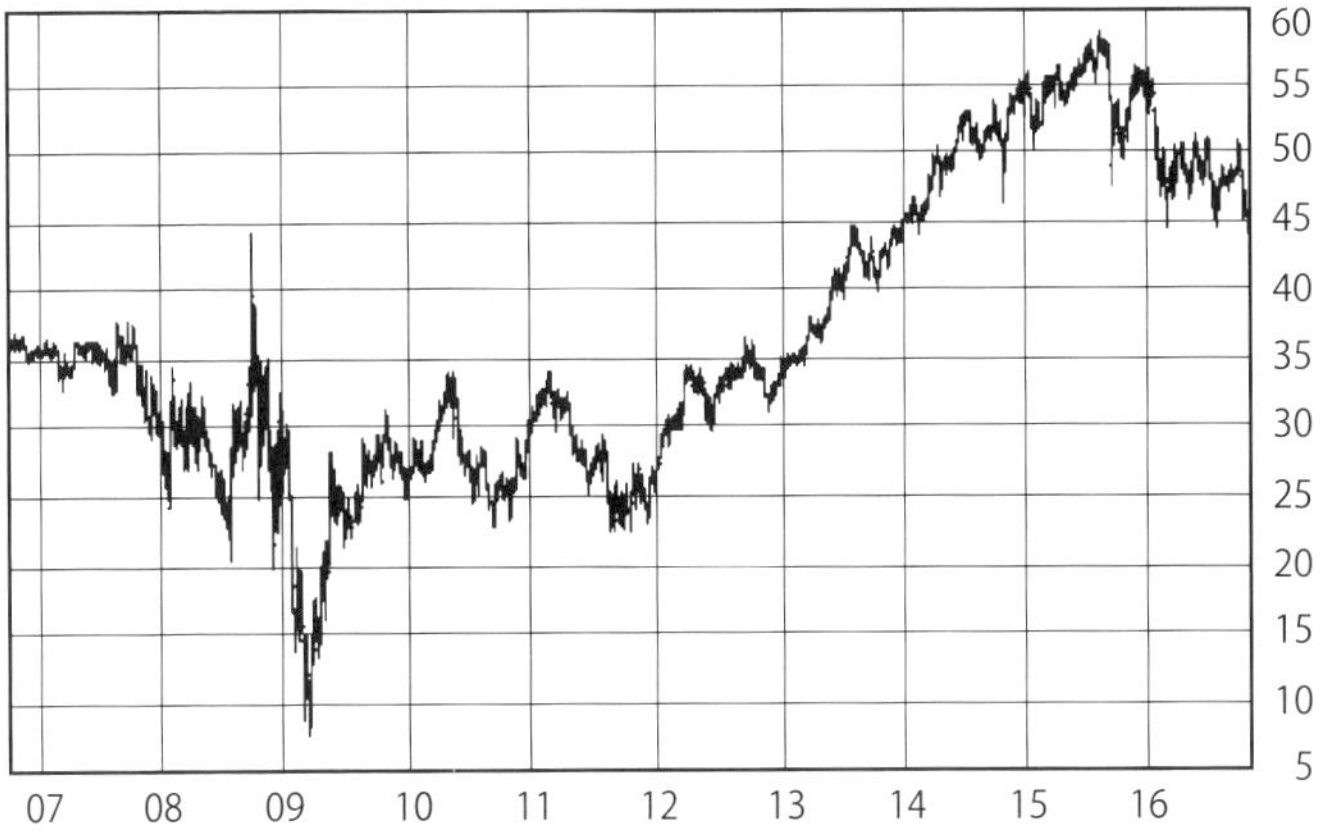

フェットの選択眼のすぐれていることがよくわかる。そのブランド力は抜群だし、アルコール類の飲料を一切口にしないバフェットには一流レストランでもお好みの飲み物で、食事のときは顧客に飲み物としてすすめる。

③ＩＢＭ（ＩＢＭ）

ハイテク嫌いの掟を破って初めてハイテク株に大量投資した。生み出す安定的なキャシュフローと自社株買い、配当に注目して２０１１年に初めて投資したが、その後も折に触れ買い増している。現在のポートフォリオ投資銘柄では上位第二位である。今後はクラウド・コンピュータ、人工知脳で力を発揮するだろう。

④アメリカン・エキスプレス（ＡＸＰ）

世界的なブランド力をもつ個人金融関連で安定的な成長を続ける。ＮＹダウ平均の採用銘柄で最近は株主還元にも力をいれる。ダウ平均にはほかにビザ（Ｖ）がはいっているが、アメリカン・エクスプレスの個人金融ビジネスに関してバフェットの評価は高い。コカコーラと同じように相場の環境に関係なく株価の着実な上昇が継続する。毎日、ダウ平均の採用銘柄の動きをチェックしていると、その実力が実感できる銘柄である。

⑤ウォールマート（ＷＭＴ）

米国での消費関連のシンボル的な存在である。オンラインによるｅコマースの普及で地盤沈下がいわれるが、それにも対抗策をとり消費者にとっての重要な位置づけは変わらない。最近もバフェットは持ち株比率を引き上げた。

最近の例ではプレシジョン・キャストパーツ（ＰＣＰ）があげられる。

２０１５年８月にプレシジョン・キャストパーツ（ＰＣＰ）という航空機関連の機器メーカーの買収を明らかにした。３７０億ドル（４兆７００億円）の資金を投入した。日本では知名度は高くないが、航空機のほか電力発電向けのプラントの心臓部品のメーカーで米国の産業界にとっては存在感の高い企業である。バフェットがかねて「巨像を狙う」

ウォールマート（WMT）

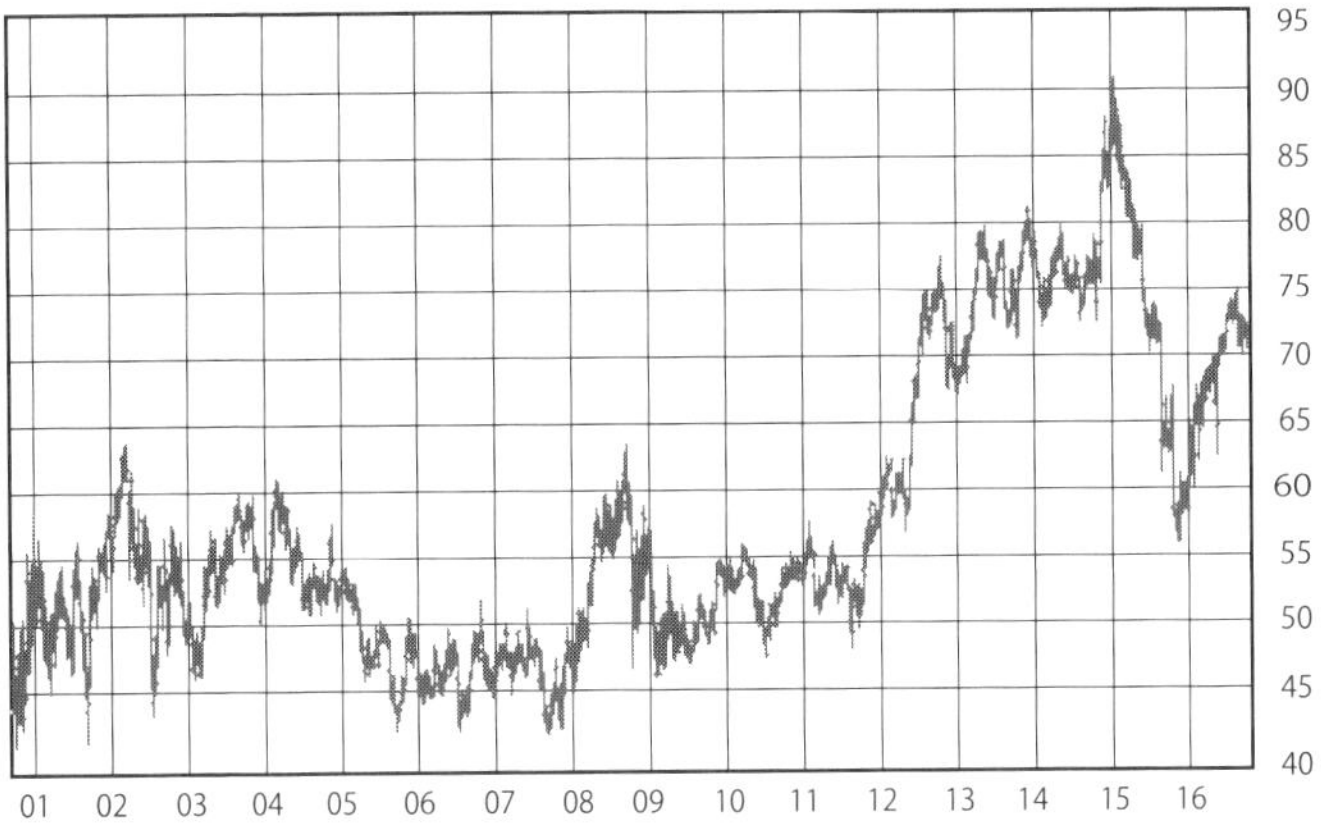

と宣言していた大物買収の一つである。株価は２０１４年の高値から30％も下落していたが、買収のタイミングを狙って動いた。彼の人生では大物の買収案件である。これまで大手鉄道会社バーリントン・ノーザンを傘下に収めたが、それを上回る買収金額であった。「米国株への投資は最高の資産運用手段」という信念を実現してみせた。86歳のいまもなお株式市場で資産運用に全力のエネルギーを注入する姿には感嘆のほかはない。

株価の動きをみると２０１４年末に天井を打ち下落トレンドにあった株である。しかし企業の内容を精査し先にあげた三つの鉄則からしてバフェットが有望と判断した。株価は２００８年のリーマンショック時と同じように2014年には30％以上の下落になったが、リーマンショック後には6倍以上の上昇を記録した。

バフェットが銘柄選択に当たって利用する〝安全マージン〟（safety margin）という数値の高い典型的な例である。PER（株価収益率）、PBR（株価純資産倍率）では計れない、株式投資のリスクを減らすことを狙う。最近は私の旧知の仲の米国の有力ファンド・マネジャーがよく口にする言葉だ。

投資価値、競争力、製品のシェア、ブランド力……などを意味するが、プレシジョン・キャストパーツは〝安全マージン〟の高い企業である。このような巨象の買収のケースをみると彼の投資原理の理解に大いに役立つ。

失敗にこだわらない投資手法

われわれはウォーレン・バフェットと同時代を生きてきた。それだけに彼の投資の実践を目の当たりに眺めることができて幸せである。

最近の事例で教えられたことがある。これまで大量投資した銘柄、石油精製のコノコフィリップス（COP）は全部売却した。超強気していたエクソン（XOM）、コノコフィリップスというエネルギー関連株を売却したのに、コノコフィリップスが分社化したフィリップス66（PSX）の大株主になった。先に売った同じ業種の銘柄を買い戻したことになる。石油精製のほか石油・ガスの輸送や貯蔵、ファイン・ケミカル分野にも力点を置く。エネルギーが米国経済を支えるバックボーンという見方にはいささかの揺らぎはない。エクソンなどに比べて業績の上下変動の小さい企業である。

ここで一つバフェットらしいエピソードを紹介しよう。

ウォーレン・バフェットは２００８年10月、リーマン・ショックの真っ最中、NYタイムズに次のような文章を投稿したのは有名な話である。ウォール街をはじめ世界中の金融市場が恐怖にまきこまれていたときであった。

タイトルは「Buy American.I am」（アメリカを買おう、私は実行中）。

「米国をはじめ世界の金融市場が窮地に追い込まれた。さらに問題は経済に波及し、吹き出るような勢いである。目先は失業者が増加し、経済活動は低下し、新聞の見出しは恐怖心を駆り立てている。

私は米国株に買い出動した。自分の個人資金での投資で、これまでは米国債だけを保有していた（この記述にバークシア・ハザウェイ株は含まれていない。私の保有するバークシア・ハザウェイ株は慈善団体に寄付してある)。

相場が現在のような安値圏にあるなら、近く個人資産の100%を米国株にするつもりだ。

なぜ?

現在、株を買う理由は極めて簡潔だ。市場が欲深くなったときには警戒し、市場に恐怖心が蔓延したときは投資のチャンスであるからだ。

いま確実にいえることは、恐怖心が広がり、人気だけで動く目先筋は打ちのめされた。投資家は高いレバレッジに後悔し、企業間の競争が高まることを懸念する。多くの健全な企業の先行きを心配するのは意味がない。これらの企業の業績も一時的には落ちるのは当然だが、向こう5~20年以内には史上最高利益を上げる。

まず一つのことを明確にしておきたい。私には相場の短期的な動向を予想することはできないということだ。1ヵ月先、1年先がどうなるかという予測はできない。しかし相場はセンチメントや景気に先駆けて高くなる可能性が高い。コマドリが来るのを待っていたら春は終わってしまう。

ここにちょっとした歴史の先例がある。大恐慌の1932年7月8日にダウ平均は41ドルであった。景気はフランクリン・D・ルーズベルトが大統領に就任する1933年3月まで下落した。30％の下落であった。

第二次世界大戦の初期には米国の東部も西部も景気は悪化した。1942年4月にやっと底入れした。戦争が終わる以前に底入れした。

次に相場が底入れしたのは1980年代初めでインフレが絶頂期になり、景気が低迷したときである。要するに悪材料は投資家の最良の友人である。相場が下落したときには、米国の将来の一片を買うことである。

長期的には株式投資の成果はすぐれている。20世紀には米国は二つの世界戦争に巻き込まれ、大きな被害と高い代償を払った戦いを経験した。恐慌、数回の不況、金融危機、オイルショック、流行性感冒、屈辱的な大統領の辞職を経験した。しかしダウ平均は66ドルから1万1497ドルまで上がった。

このようなすばらしい成果の一世紀（100年間）を振り返ってみると、株式投資で損をすることの方が難しい。それなのに株式投資で損をする人は多い。不遇な投資家は環境がよいときだけ投資し、記事の見出しが恐怖感をもたらせるときに売却するからだ。

今日、現預金を抱えている人は満足感をもつ。しかし、それは間違っている。とんでもない資産をいくら長い間、保有しても収益がなく、むしろ貨幣価値は下がる。現在の危機から脱出するための政策の発動に力点を置くが、現在の金融危機の終焉後にはインフレが進み、貨幣価値は減価していく。

向こう10年間では株式の価値は現金を上回り、その収益率は相当なものになるだろう。現金にしがみつく投資家はタイミングをつかめず、チャンスを失う。好材料が出現するまで待機する向きはウェイン・グレッキーの名言を知らない。

〝後ろに向かって滑るのでなく、これから進む方向に向かって滑る〟（注：グレッキーはカナダのプロ・アイスホッケーの歴史に残る名選手）

私は相場観を立てることは好きでない。繰り返しになるが、短期的に相場がどうなるかはわからない。しかし私は閉店した銀行の建物で開店したレストランのように、もともとお金があった場所で口を開けなさいと助言したい。

今日は、私のお金も口を開き『株式だ』といっている」

投資はスノーボール

バフェットのお好みの言葉に、「株式投資の真髄は雪だるま（スノーボール）」というのがある。

雪だるまは転がしていくだけで大きくなる。株式投資も長期に値上がりする株式を選んでじっと保有していれば雪だるまのように大きくなっていく。

彼はバークシア・ハザウェイという繊維会社を傘下に収め経営し、コングロマリット形式の投資会社の母体にしたのは１９６５年（昭和40年）であった。当時の１株当り純資産はその後、飛躍的に膨れ上がり２０１５年には＋１５９万８２８４％になった。荒っぽい計算だが１００万円投資していたら２５０億円以上になった。（対ドルでの換算を無視した概算数値）。

バフェットは先にも書いたように、長期的に成長する株を買って10年～20年保有していれば小さな手のひらにはいるようなスノーボールが、転がしていくだけで大きな雪だるまのボールになるという。子供のときに経験したことを株式投資の成果の表現に置き換える。

彼がなぜ成功してきたかを分析することが、株式投資で成功する原理になる。

先にも書いたように彼の投資の原理原則の出所はグレアム＆ドッドの『証券分析』で、80年以上も前に世の中に出た投資指南のバイブルである。

バフェットを3億8000万円で買う

逸話をもう一つ、紹介しよう。

「バフェットを買う」という奇妙なオークションがある。

彼の時間を買うオークションがバークシア・ハザウェイの株主総会後に毎年、行われる。

4月末か5月初めに、本拠地中西部ネブラスカ州オマハでの総会は週末含め2日間行われるが、金曜日の夕食会をいれると足掛け3日間になる。多いときは世界中から4万人の株主が来場する世界最大の株主総会である。最近は中国人の来訪が目立つ。

朝11時に始まり夕方の5時過ぎまで総会が続く。議題に関しての質疑応答よりも、バフェットの投資哲学、現在の投資手法、相場観、政治、経済など多岐にわたる。この総会を控えてバフェットは株主に送付する報告書づくりに相当の時間を費やしているはずだ。一般の企業報告書とは異なり、現在の経営状況が克明に書かれている。

その総会を終えたあと、やれやれという時間帯を割いて「バフェット・ランチ（昼食）」のイベントを2016年まで17年間も続けてきた。昼食会の出席の権利をネット上で競売にかける。落札者は8人まで同席できる。最近はニューヨークのビフテキのレストランで行われる。落札者は食事を共にしながら、株式投資、社会、経済についてバフェットの意見を聞く。禁じられているのは、目下、進行中のバフェットの投資や目先の相場観、銘柄についての質問である。

2016年6月のオークションの落札金額は345万6789ドル(3億8000万円)と2012年の史上最高値に並んだ。

資金は全額、サンフランシスコの貧困者、ホームレスの収容所に寄付される。

5年〜10年単位で利益を上げる醍醐味

ここで逸話を紹介したのは、「バフェット・ランチ」がバークシア・ハザウェイのこれからの成長基盤をつくるのに大きく貢献する役目を果たしてきたからでもある。数年前の落札者は業界でも無名のヘッジファンド運用者テド・ウィシュラーであった。バフェットに会うのに2億円以上の資金を投じた。

おそらくランチでのバフェットとのやり取りでバフェットはウィシュラーに強烈な印象を持ったと思う。驚くことに翌年もウィシュラーが権利を落札した。この2回の会合に5億円以上を費やした。2回のランチでは10時間以上が費やされたはずで、バフェットはそこでウィシュラーのすぐれた資質を見抜いた。その後、しばらくしてから再会しバフェットの後継者候補として入社が決まった。

ウィシュラーについてはこれまでの経歴やヘッジファンドの運用実績についての詳しいデータは明らかでない。

ウィシュラーは幼少のときから株式投資に関心をもち、親からもらった小遣いで売買した経験があるのはバフェットと同じだ。経歴は独立してペニュシュラ・キャピタルというヘッジファンドを設立し、バフェットの会社に入る直前には12億ドルを運用していた。事務所は古い書店の2階にあった。バフェットと同じように集中投資型のファンド運用であった。彼が医療機器ダヴィータ（DVA）に長年にわたり投資し大きな実績を上げ、企業の実態を熟知していた。バフェットのもとでいちばん最初に投資したのはダヴィータで、バフェットはその後、企業にほれ込み現在の大株主になった。

この会社は人口透析施設を全米で運営する医療関連企業で着実な成長をしてきた。バフェットもすぐにほれ込み、自らが運用するポートフォリオのコア銘柄にして筆頭株主になった。

またウィシュラーは花形産業であるメディア関連にも造詣が深く長年、その関連銘柄の

チャーター・コミュニケーションズ(CHTR)

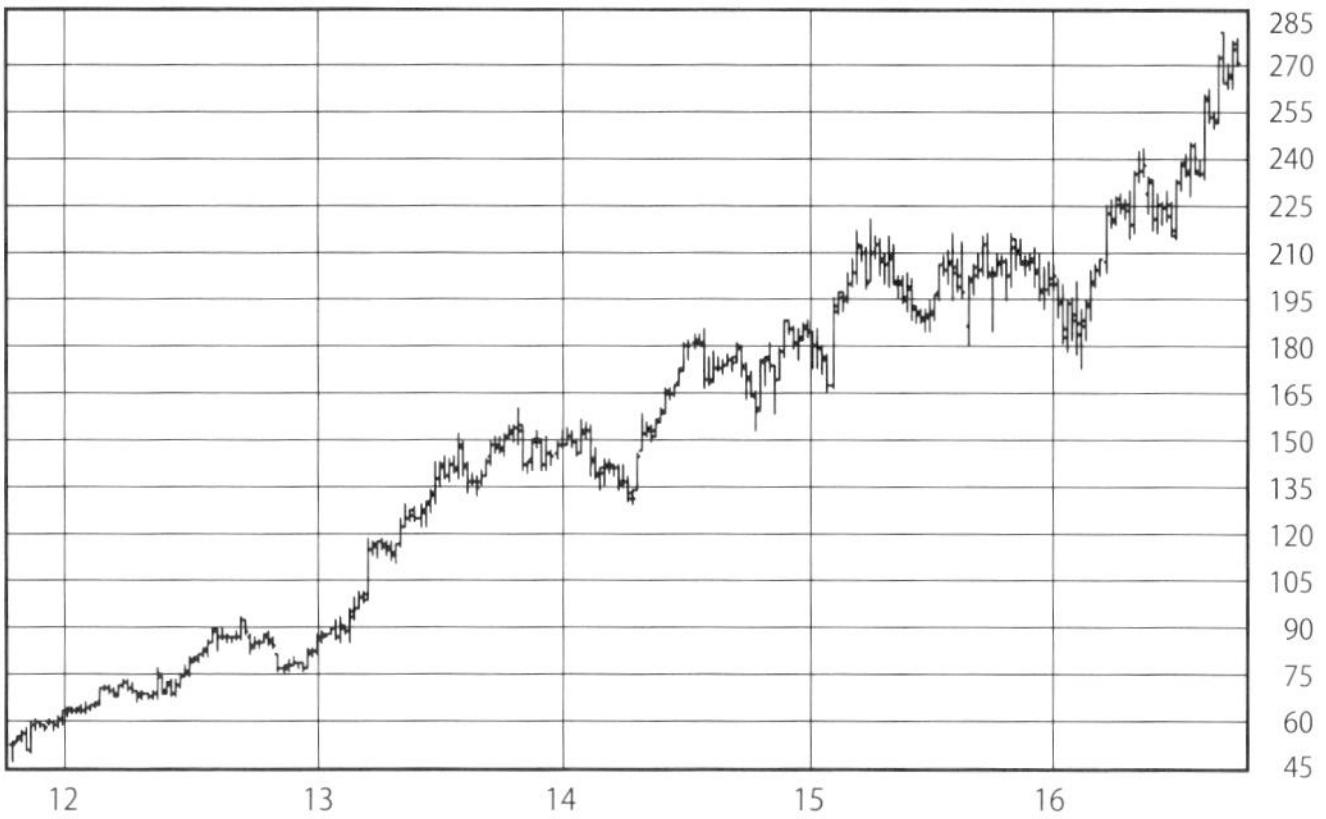

投資で成果を上げてきた。チャーター・コミュニケーションズ（CHTR）をウィシュラーが早速、投資したのをみて（彼に全権を委せている資金で）、バフェットもダヴィータと同じように大量に投資し現在はバークシア・ハザウェイが筆頭株主になった。

私はこのバフェットの強気をみてダヴィータとチャーター・コミュニケーションズにコピーした（提灯をつけた）。相場の波乱時にも大きな影響を受けず順調な上昇トレンドをたどり、バフェットがいう5年～10年単位で投資を考えて利益を上げる醍醐味を味わっている。

この原稿を執筆している時期には、ウォール街は米連銀の政策転換をめぐって波乱相場が続いていた。それでもチャーター・コミュニケーションズの株価は市場の波乱をよそに順調な上昇トレンドをたどった。ウィシュラーはバフェットの門下生になるのに結果として5億円以上の資金を投じたが、すでに投資した資金は年間の報酬で回収し、お釣りが出ているはずだ。彼がバフェットの元で運用を始めたのは2011年で50歳のときであった。現在は56歳で、運用者としてはこれからが円熟期にはいる。ソロスもジュリアン・ロバートソン（タイガー・ファンド）も50歳以降に大きな飛躍期を迎えた実績がある。

ウィシュラーは入社後、15億ドル（1650億円）の資金運用を委ねられ自分の裁量で運用を始めたが、バフェットは株主総会でウィシュラーより1年早く入社したトッド・コームズの両人が早くも自分を上回る成果を上げていることを披露し賞賛した。

リーマンショックを無傷で切り抜けた運用者

ウィシュラーよりも1年早く入社したトッド・コームズは2016年現在、46歳である。彼の出身はコネティカット州グリニッチでヘッジファンド・キャスルポイントの運用をしていた。

コロンビア大のビジネス・スクール出身でバフェットの後輩に当たり学生時代、バフェットの講演を聞いたことがあった。学生から質問が出てバフェットは書物をできるだけ、たくさん読むことを強調した。毎日500ページを読破するようにすすめ、「知識は複利計算のように増え将来は大きな資産になる」と語ったという。コームズは肝に銘じ1日に1000ページを読むこともあった。

卒業後は銀行、保険会社に勤務し金融機関についての知識を蓄積した。バフェットとの接点は、彼がバークシア・ハザウェイの副会長チャリー・マンガーに手紙を出し会見を申し込んだところ、マンガーが朝食に招待したことだ。会えるチャンスは低いと思っていたが、コームズは招待にびっくりした。マンガーは短時間でコームズの資質を見抜きバフェットに推薦した。

コームズは運用者として金融株への投資が得意であった。2005年以来、2010年まで年率35％の運用益を上げた実績をもっていた。金融株に大量の投資をしながら、リーマンショックを無傷で切り抜けた実力をマンガーとバフェットは高く評価した。バフェットが投資してリーマンショック時に痛手を受けた金融株投資でも被害が少なかったことがバフェットの注目する点になったのだろう。バフェットのバークシア・ハザウェイの場合、成績は2008年は▲31・8％であった。

バフェットの運用成果はブロンズ像のように永遠に存在する

バフェットと副会長のマンガーがそれぞれ後継者を1人ずつ選んだ。

ここで興味のあることは後継者候補のテド・ウィシュラーもトッド・コームズもヘッジファンド出身であることだ。

バフェットもマンガーもヘッジファンドが向こう100年間にわたって資産運用の世界では最高の運用手段であることを認める。現在のバフェットの運用は、結果としてヘッジファンドと同じスタイルである。世間ではバフェットのことをヘッジファンド運用（47ページ参照）とみている。

両人は資産運用の歴史上で最高の成果を上げたが、これからはヘッジファンドの運用スタイルを無視して、バークシア・ハザウェイの成長は考えられないという確信をもっている。バークシア・ハザウェイの運用自体は知らず知らずのうちにヘッジファンド運用と同じようになっている。

リーマンショックのときはゴールドマン・サックス、ジェネラル・エレクトリック、バンク・オブ・アメリカにさまざまな形で資金を投じ、保険会社を売り手に回して超長期の指数先物のオプションに大量の資金を投入した。

「恐怖心が蔓延しているときはチャンス」という持論を実行し、最近はそれらの成果が大きな利益として顕在化している。バフェットもチャリー・マンガーもヘッジファンドの運用者と同じような高度な資産運用の手法を、その知識と能力でつくり上げた。

バフェットはハイテク嫌いで定評があるが、IT時代に入り複雑なビジネス構造をもつIBMの投資を始めた。ハイテク嫌いならこの銘柄の投資は避けるはずだが、最近でも買い増しを続けポートフォリオのトップグループに仲間入りした。IBMに投資を始めたのは若手運用者のテド・ウィシュラーとトッド・コームズの入社した時期と重なるので、初めは両人の選択とみたが、そうではなくバフェット独自の判断によるものであった。ただIBMについての分析には彼らも加わったのだろう。

投資家は、投資の世界での永遠の偉大なブロンズ像ともいえる、バフェットの遺産があるのを幸せと受け止め、ときとしてバフェットのところへ帰ることである。

ソロスは2000年に、ITバブルの崩壊が始まったときに第一線から退き、クォンタム・ファンドの経営から手を引き、外部資金は全部返還した。そのときの年次報告書には、「自分のいままであげてきた永年の成果をブロンズ像のように残したいという願いから、ファンド経営から手を引く」と書いた。

ウォーレン・バフェットは86歳のいまもなお第一線で指揮をとり、次の大物M&Aに挑戦中である。彼の運用成果はブロンズ像のように永遠に存在することは確実である。

誤解されているバフェットの会社

毎年、晩春（4月末か5月初め）にバフェットはバークシア・ハザウェイの本社のある米国中西部オマハ市で株主総会を開催することは先述した。

2016年4月の総会当日は地元のステーキハウス「Gorat」が午後1時から同10時まで参集した株主とその家族に開放され、さまざまな催しが同伴の家族のために開催された。

2016年4月の総会の模様は初めてライブでインターネット中継を通じて、世界中に放映された。午前10時30分に開会され、6時間に及ぶ長時間の総会であった。Yahoo Financeのライブ放送は質疑応答の模様を伝えるという異例の催しで、企業の総会の歴史に画期的な足跡を残した。

壇上にはバフェット（86歳）と副会長のチャリー・マンガー（93歳）が炭酸飲料のコーラを前に陣取り、株主からの質問に立ち向かう姿が、世界中の投資家に放映された。日本

2016年第一四半期

	2016年	2015年
保険部門務引受け	$213	$480
保険部門投資収益	919	875
(小計)	1,132	1,355
鉄道・公共・エネルギー	1,225	1,466
製造・サービス・小売	1.266	1,123
金融	311	289
その他	▲197	11
営業利益	3,737	4,244
投資・デリバティブ	1,852	920
純利益	$5,589	$5,164

(単位＝百万ドル)

時間では土曜日の深夜で日曜日の早朝まで続いた。日本でも総会でのウォーレン・バフェットと副会長チャリー・マンガーの受け応えがPCを通じて見ることができた。インターネットの利便性を再認識させた。

中継は英語と中国語で行われたが、2016年も海外から中国人が3000人前後も参加し投資の世界での中国パワーの威力を見せ付けた。

質疑応答はバークシア・ハザウェイに関する質問だけでなく、バフェットの現下の投資行動を除く幅広い範囲にわたるテーマに関して行われたが、マイナス金利についても質問がでた。

マンガーは、「日本でのマイナス金利の効

果については困惑している。金利15％のときに比べて運用資産の利息は落ちる。企業にはプラスでも金融機関にはマイナス。この事情を十分に理解して投資を行わなければならないが、経営者はその意味を十分にわきまえる必要がある」と弊害を強調した。

大量投資しているIBMについてバフェットは、「現在は好悪材料が混在しているが、時間が経てば成功の兆しが顕在化する」と自信の程を示した。バフェットとマンガーが打ち立てた投資哲学は永遠に生命をつなぎ、彼らが選ぶ後継者が第二のバフェット流経営を引き継ぐだろう。

総会の当日、2016年第一四半期の決算が発表された。その資料のなかには会社の業績内容を端的にまとめた前ページの決算表が公表された。バークシア・ハザウェイの現在のビジネスを端的にまとめたものである。

この簡潔な表をみるとビジネス内容が容易に理解できる。収益の構造は3重構造で、①保険、②傘下企業グループ、③投資運用（投資・デリバティブ）の3部門である。

主力はコングロマリットのように鉄道・公共・エネルギー、製造、サービス、小売、金融、その他のグループ企業である。これらの企業数は90社を超え従業員は20万人に達する。このグループ企業をバフェットが指揮を執って経営している。オマハ本社にはわずか20数名しかいない。

一方、投資とデリバティブからの利益は18億5200万ドル（前年同期9億2000万ドル）と33・1％であった。世間ではバークシア・ハザウェイは投資会社のように受け止め、投資運用が主力のように誤解されているが、そうではなく第一四半期の利益の内訳では事業経営が主力で66・8％の収益を生み出す大黒柱である。

今日のようなコングロマリット企業の源泉は、バフェットが投資活動からヒントを得て有望企業を買収し、育成していくという独特のビジネス・モデルから生まれた。資産運用部門は期間の収益に大きく寄与するが、株式相場が相手だけに相場の変動に左右される。ただ将来の成長のための大きなアンテナ役で、世界のどの企業にも類例のないものである。

これは、バフェットが初めてつくり上げた成長企業のモデルである。資産運用部門は将来の収益源を発掘するためのアンテナ的な役目を果たしてきた。

バフェットがつくり上げたビジネス・モデルのユニークさが、他に類例のない史上最大の成長企業を生み出した。

単なる投資会社でないことが、ここに上げた決算書から端的にわかる。

ヘッジファンドとは

世界では最高の教科書的な運用を実践し、昔の日本に株式市場があればバフェット神社ができるような存在の投資家論から、一転して資産運用の新時代をつくり上げ、これからも市場での存在感を確実に高めていく業界に移ろう。

私が初めてヘッジファンドのことを知ったのは、若いころソロスに会う機会をもったときである。

彼は1972年秋に東京にやってきた。前年の1971年8月15日にはニクソン・ショックが起こった。第二次世界大戦後は米国がドルと金の兌換（1オンス＝35ドル）を行う体制を続け、ドルが世界通貨になったが、その体制の休止符につながる政策を電撃的に発表した。

現在の多様化した世界ではこのような体制は想像もできないが、第二次世界大戦後、世界の政治・経済の安定した秩序は米国が牛耳ってきたからこそ確立された。

日本は第二次世界大戦後1ドル＝360円という固定相場制を採用した。

この体制の中止を電撃的にニクソン大統領が発表した。現在の常識では考えられない米国の一方的な行動であった。

世界の株式相場はこの発表を受け暴落した。東京市場では朝から成り行き売りが殺到し、大半の銘柄が午前中はストップ安気配のままで終わるという大波乱が起こった。この時点を契機にして日本円は変動相場制に向かって進み始めた。

1ドル＝360円体制という相場は綿密な為替管理のもとに実施された。たとえば海外への旅行者は厳しく制限され渡航費用のほか海外への資金の持ち出しは500ドルに制限された。資金の海外流出に、いまでは考えられないような規制が敷かれた日本経済であった。このため円相場は結果として時間の経過とともに実質よりかなり低い水準が続き、日本経済の復興に貢献した。だれがみても円高トレンド時代の到来は時間の問題と考えたはずである。

この現状をみてジョージ・ソロスはいち早く来日し、円が割安であることと、日本経済の今後の成長性を確信して帰った。

当時、証券会社の国際営業部門に在籍していた私は偶然に彼の訪問を受けた。初めて対面した当時の名詞の肩書きは投資銀行アーノルド・ブレインショルダー調査部長であった。印象は精悍な外国人という感じで、1時間ほどのミーティング後、帰り間際には買い注文を出してくれたのにはびっくりした。いまでもそのときの銘柄は鮮明に記憶に残っている。

ソロスの名前がメディアで騒がれ始めたのは1980年代にはいってからで、好調な成果を上げ彼の名前がメディアにもひんぱんに登場するようになり、再びソロスの運用するファンドとの付き合いが始まった。

注目されたのはロング（買い）とショート（売り）を組み合わせた運用とマクロ運用という株式先物、金利先物、商品などの取引である。

その後、ソロスの名がヘッジファンド業界のNo1の運用者として不動になったのは1992年のポンド投機であった。

中央銀行に勝ったソロス

ヘッジファンドでジョージ・ソロスと並んで有名になったのはジュリアン・ロバートソンでタイガー・ファンドの運用者であった。株式のロング／ショートの組み合わせ、マクロ運用は同じだが、日本の株式市場での存在感はソロスの方が高かった。

ソロスのマクロ運用での大きな実績は1992年のポンド投機である。英国の中央銀行であるイングランド銀行がポンド防衛のために必死に買い支えるのを向こうに回して大量のポンド売りを仕掛けた。

結局、イングランド銀行はソロスとの戦いに敗れポンド切り下げに追い込まれた。ソロスの名が「中央銀行に勝った」として、その後、彼の行動がさまざまな投資分野で影響力をもつようになった。特に個々の銘柄のロング／ショート戦略よりもマクロ運用の分野での活躍が目立ち、1997年のアジア通貨危機はソロスなどのヘッジファンドの通貨売りがきっかけになって起こった。

その後、ヘッジファンドにも危機はやってきた。1998年の米大手ヘッジファンドのLTCM（ロング・ターム・キャピタル）の破綻問題である。純資産22億ドルに対して1250億ドルの借金をして債券やデリバティブで運用していた。レバレッジ（テコの原理）は実に56倍である。ごくわずかの価格の変動で利益を上げた。

当時、ロシア危機が表面化し、それが契機になって格付けの低い債券の価格が大きく崩れたのがLTCM崩壊につながった。このときはウォール街の大手金融機関が協調融資をして危機の波及を食い止めた。当時のウォール街には力があり業界の自助努力でバブル崩壊を食い止めることができた。しかしこのときにすでに大きなリスクが水面下では蓄積されていた。

技術革新が世代交代を促進

ヘッジファンドはいまや神秘な存在でなく、相場の神様であるウォーレン・バフェットの側近にはその運用者がスカウトされる時代にはいったことはすでに書いた。

業界の存在感が一段と高まり株式投資の市場を広げ、これからも相場形成のあり方に大きな変革を与えていくだろう。

ここでヘッジファンドの定義を整理しておこう。ソロスが定義するきわめて単純明快な定義である。

①資産のある投資家の資金運用を行う
②成績（運用のパフォーマンス）に応じた報酬を得る

これだけでは素っ気ないので進化する業界と付き合ってきた私の経験から、もう少し掘り下げてみてみよう。

運用目標

第一の特色は成果を比較する目標は投資信託などが利用するベンチマーク（S＆P

500、MSCI指数など）でなく、絶対的リターンを追求することである。アメリカの投資信託や年金運用のファンド・マネジャーはベンチマークに勝ったか負けたかで評価される。日本では日経平均やTOPIXがベンチマークとして採用される。

しかしヘッジファンドに対して顧客が期待するのは相場が下がったときでも、利益をあげるのが当たり前という厳しいものである。ヘッジファンドが普及し、資産家だけでなく多くの投資家が顧客として登場してきたが、本来のヘッジファンド運用者は顧客から預かる最低の投資資金を500万ドル（5億5000万円）以上という基準を設定している。世界的に市場規模が拡大し資産家の数も増加しているので、このような基準を設定するのは当然である。

バフェットのように長期的に年率20％を上げる投資家は例外的だが、ヘッジファンドには年率2倍の成果というケースも散見される。リーマンショックのときに年率2倍以上の成果を上げ一躍有名になったジョン・ポールソン（ポールソン＆カンパニー）のようなケースは、ヘッジファンドの世界ではときどきみられる。

運用手法

ヘッジファンドは学者兼ジャーナリストであったアルフレッド・ウィンスローン・ジョー

ンズが1949年に設立したのが始まりである。彼は雑誌『フォーチュン』の編集者でもあったが、パートナー形式で資金を集め、「買い」だけでなく「売り」も組み合わせたファンドを組成した。ここからヘッジファンドということばが生まれた。

この種の資産運用はそれ以前からあった。著名な経済学者ケインズは株式投資で資産を築いたことは有名だが、しばしばショート（空売り）も利用した。ジョーンズが創始者といわれるのは、彼の設立したファンドがショート戦略で大きな成功を上げたからである。

個人でもショート戦略は簡単にできる。東京市場でも個人投資家が相場の先行きの下落に賭ける手段としてダイワ上場投信・TOPIXインバース（マイナス1倍）指数（1457）やダイワ上場投信・TOPIXダブルインバース（マイナス2倍）指数（1368）がある。ETF（上場投信）で株式と同じように自宅のPCでオンライン取引ができる。

ソロスが積極的に行動したのは米国株だけでなく、ヨーロッパ株など海外株も対象にした。ソロスはもともとウォール街の証券会社ではヨーロッパ株専門の調査・営業を担当した経験がある。海外への投資に目をつけたのはその経験のおかげで、日本円の割安をいち早く見抜いてそれを運用に応用したのも、国際投資の経験からであった。

レバレッジ

運用資金の何倍かの借り入れをして投資する。相場観、銘柄選択が当たれば大きな成果を生む。株式投資では市場平均を上回ることは普通には難しいことを多くの学者が理論的に実証している。その常識を打ち破ることに挑戦するのがヘッジファンドの本領だが、これぞと思う銘柄にはレバレッジ（テコの原理）を利用する。年金運用などとは異なり、大きな成果を生み出す理由である。

為替や金利などの分野で運用するマクロ運用はときとして数倍のレバレッジを駆使する。間違えば命取りになるのでリスクコントロールには最大の注力をするのは当然のことである。

成功報酬

ヘッジファンドの運用者のなかからビリオネイヤー（10億ドル長者）が出る最大の理由は運用成果しだいでは並外れた報酬が得られるからである。ソロスの個人資産は3兆円と推定され、バフェットの8兆円には届かないが一代で富豪にのし上がり、リーマンショックではCDS（企業の倒産リスク関連の保険証券）に賭けて、1年～2年で1兆円以上の資産を手中にするようなケースはヘッジファンドの世界の大きな特色である。天才的で意欲ある人たちがビリオネイヤーを夢見てこの世界に参入する世界が大きく開けてきた。ファンドのサイズが運用者の年間の所得に大きく影響するが、いま世界最大のヘッジファンドであるブルーリッジ・ウォーター・アソシエイツの運用資産は24兆円を超える。ギリシアのＧＤＰは28兆円なのでその数字と比較してもサイズの大きさが実感できる。運用者のレイ・ダリオの所得の大きさも想像できる。

ダン・ローブへと世代交代が進む

ヘッジファンドの世界でも戦後派の台頭が目立つ。東京市場でその動きがメディアにしばしば登場するのがダン・ローブである。２０１２年秋の安倍政権の誕生を日本株再生といち早く結びつけた感覚は他のヘッジファンドと比べてもずば抜けていた。彼は２０１３年に投資家へのレポートのなかで「昨年のクリスマス休暇を返上してアベノミクスを立案したブレーンたちの過去の論文を精読した」と書いている。論文はイェール大学の浜田宏一名誉教授のものだろう。

安倍政権は誕生とともに景気対策を最優先し日本経済の復活に動いた。このことを日本株投資に力点をおく材料にしたのはヘッジファンドのなかでもいちばん早かった。日本

ソニー（6758）

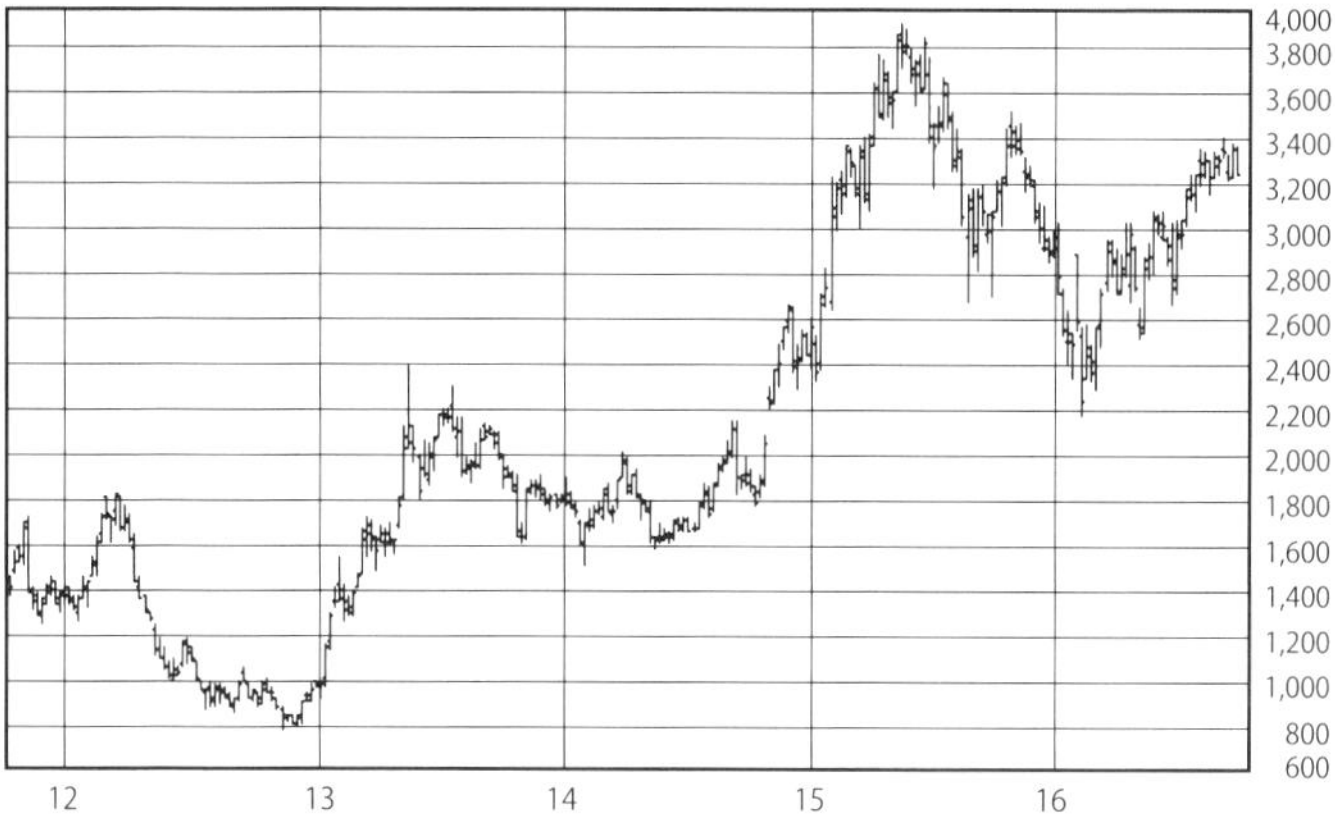

を代表するソニー（6758）に目を付け、2013年5月には発行株式数の20％を保有したことを明らかにした。ウォール街ではアクティビスト（大株主になり企業価値の向上を会社に要求する）として活躍が目立つヘッジファンドである。当時のソニーはかつての栄光の歴史を失い、投資家からは見放されていた。

ソニーに要求したのはエンターテイメント部門の分離で、米国の投資家の目からみれば最も成長力があるとみた。このニュースが伝わるやソニーの株価は人気化した。彼は公表してから日本へしばしば訪れ経営陣と直接面談して分離を要求した。ソニー側もアクティビストの存在感は熟知していただけに、要求については真剣に検討した。ただその後、ソニーはリストラのために大幅な欠損を出したので、ダン・ローブの思惑が外れ株価はボックス圏にはいり、再三の要求にもソニーは動じなかった。ソニーにとっては株価の低迷が味方したといえる。

ダン・ローブの偉いところは、成功の見込みがないとみるや素早く手をひくことである。このことは先輩のジョージ・ソロスが再三にわたって口にしてきた「失敗とみるや撤退したことが成功の秘訣」ということを実践した。それでも投資金額に対して30％内外の利益を手中にした。そして、東京市場でダン・ローブの名前が大きく存在感を持つようになった。

彼は1961年に生まれた。父親は弁護士事務所を共同経営し、一時は大叔母が創業した世界最大の米玩具企業マッテルの社長を務めるという恵まれた家庭環境で育った。母親は歴史学者である。

カリフォルニア大学バークレー校を卒業し、コロンビア大学で学び在学中に株式投資で12万ドルの利益を上げた。しかし後に特定の銘柄に集中投資して損失し資金はゼロになった。このことがその後の大きな教訓になり集中投資の怖さを身をもって味わった。証券関連の会社に勤めたのち、ジェフリーズ証券やシティ・グループで高利回り債投資の分野で活躍したあとヘッジファンドを立ち上げた。1995年のことで親族などから330万ドル（3億6300円）の資金を集めた。現在の運用額は200億ドル（2兆2000億円）。スイスの投資銀行などの評価も高い。

ダン・ローブはソニーに続いてソフトバンクに注目

ダン・ローブはソニーに続いてソフトバンクグループ（9984）に注目した。アクティビストとしての投資ではなく有望株としての銘柄選択であった。私の推測だがソフトバンクへの注力は米国ヤフー（YHOO）での投資の成功である。ヤフーは創業者のジェリー・ヤンが経営者として手を引いてから経営者が2人替わったがグーグル（GOOG）とフェイスブック（FB）の攻勢に押されインターネット広告市場でのシェアは右肩下がりで落ちていた。ダン・ローブは経営者に問題があるとみて、アクティビストとして大量の株式を買い大株主になり、取締役を送り込み経営にも参画した。

グーグルの創業時から経営に加わったマリッサ・メイヤーをスカウトし経営者に据えた。

経営者の交代で減少トレンドをたどってきた広告シェアの減少に歯止めがかかったところへ、これまでソフトバンクと並んで大株主であった中国アリババがニューヨーク取引所へ公開したのが材料に株価は反騰した。その機をとらえてダン・ローブは持ち株を売却し

米ヤフー（YHOO）

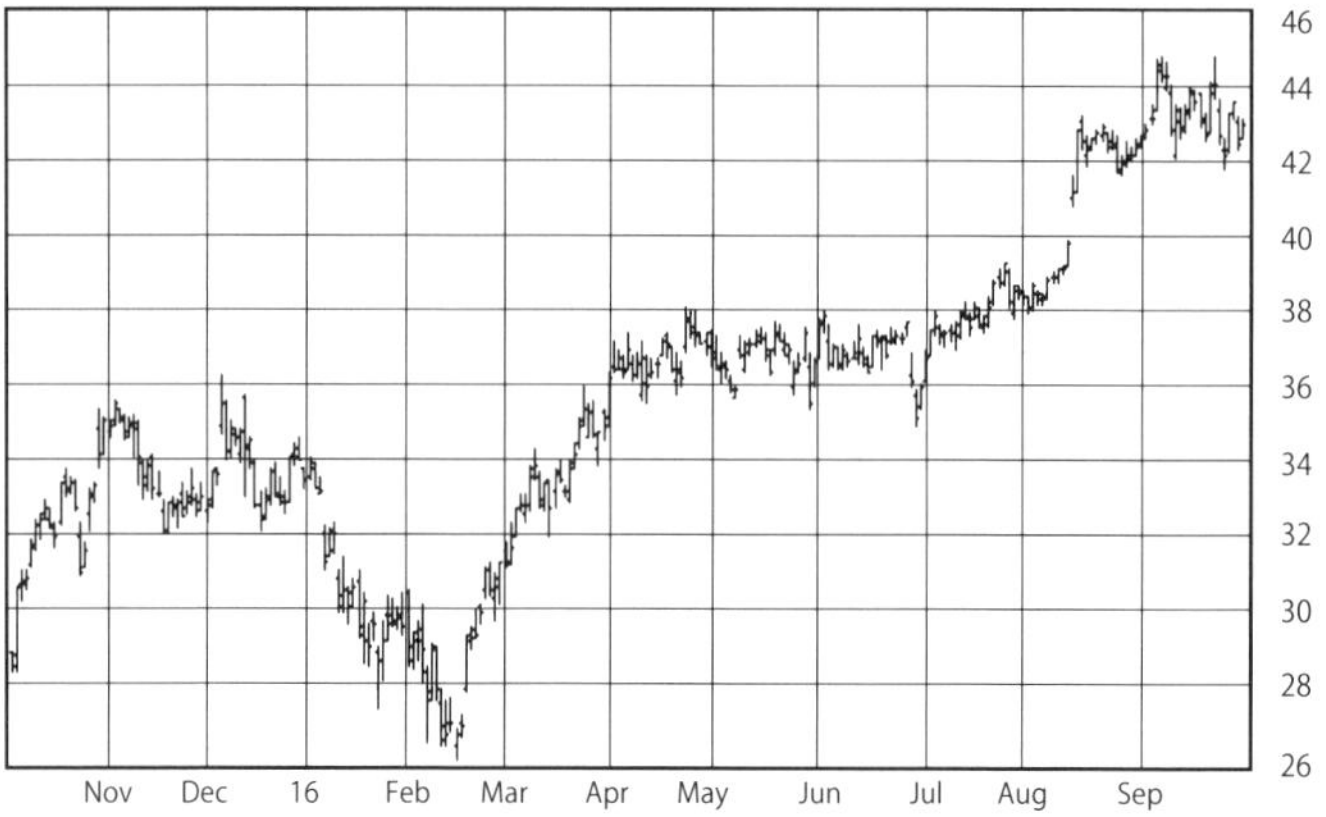

ソフトバンクグループ（9984）

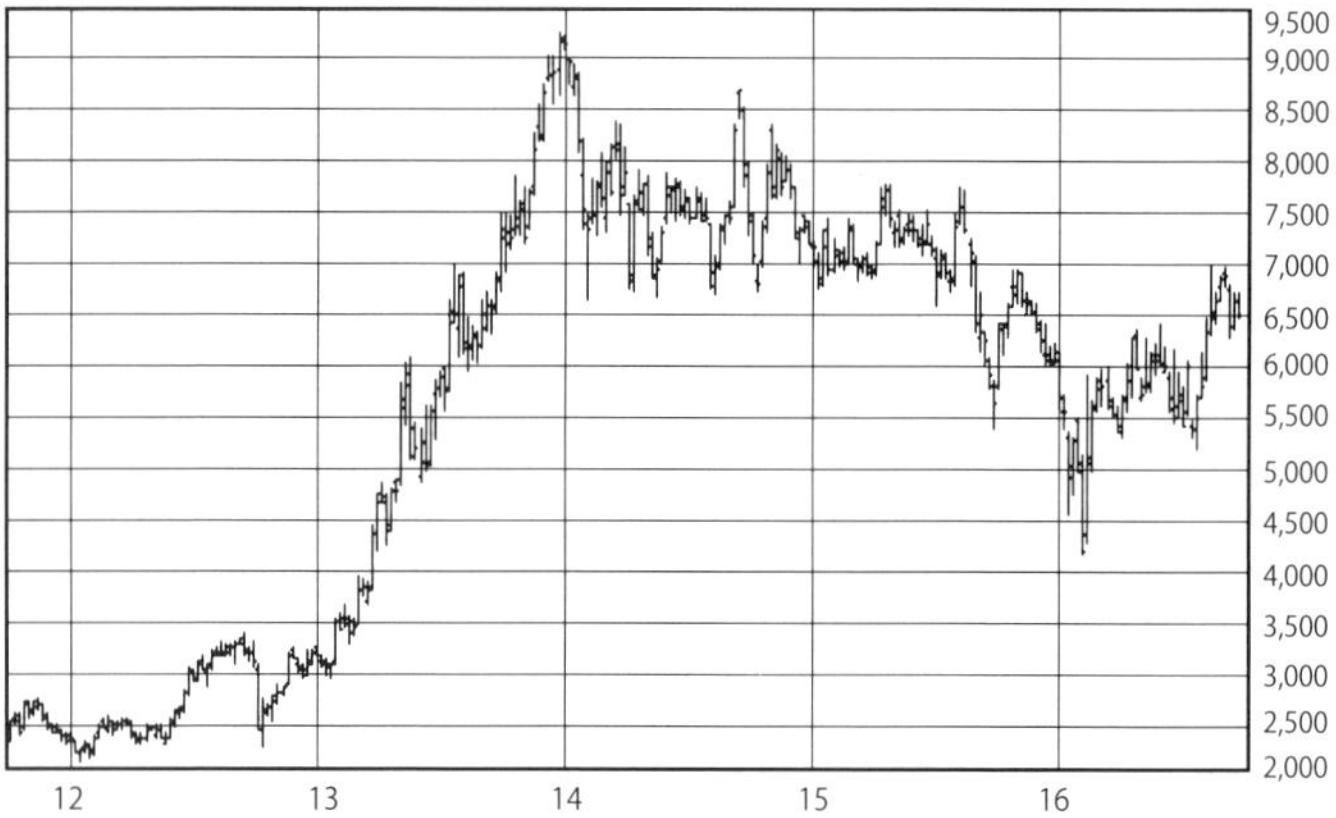

ファナック（6954）

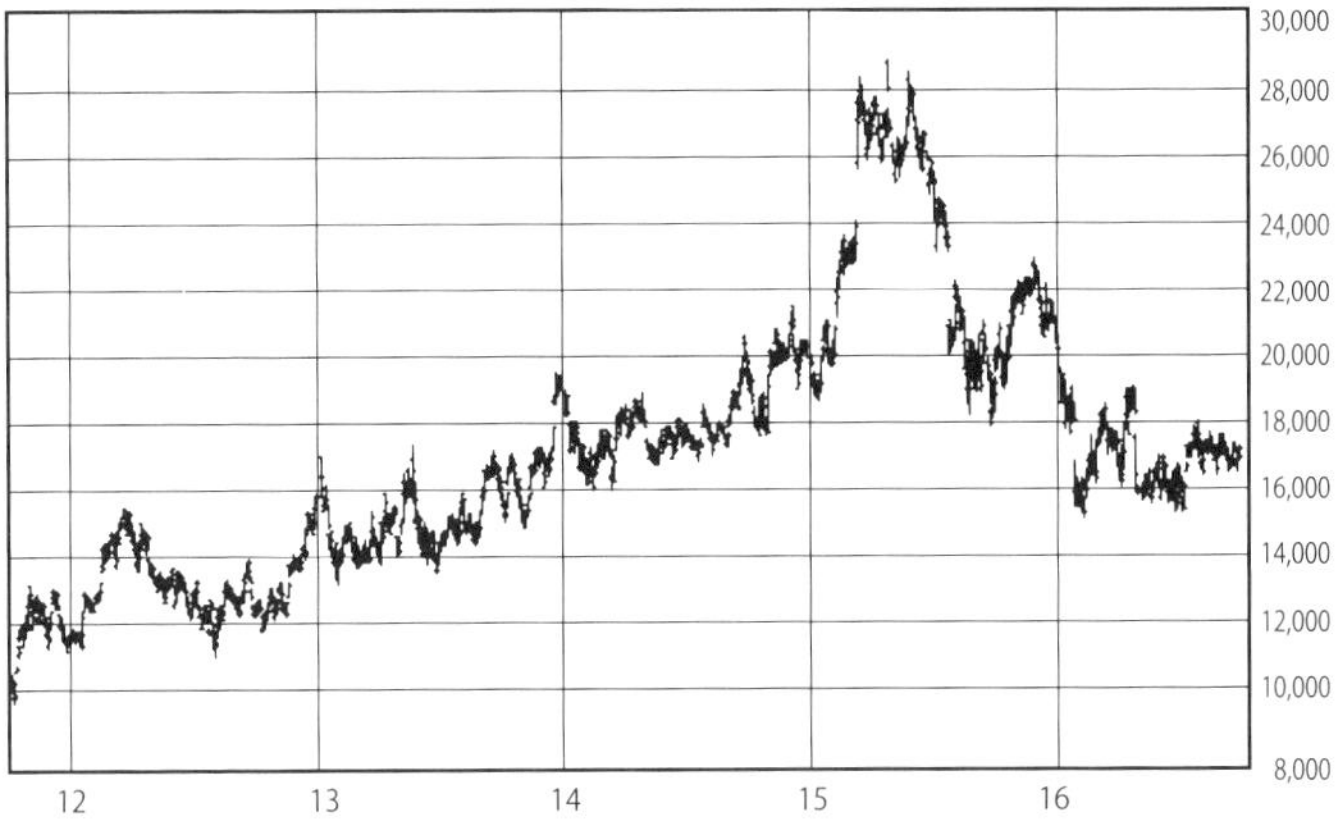

大きな利益を手中にした。

ヤフーでのアクティビスト投資の成功で大きな利益を上げてファンドの規模を大きくするのに貢献しただけでなく、ダン・ロープの存在感を大きく高めた。ソフトバンクへの投資はヤフーの経営に参画しているときに関心をもったのだろう。

ダン・ロープがその後、日本株投資で大きな成果を上げたのはファナック（６９５４）であった。往年のソニーに代わって日本の代表的な成長企業の位置を占める。しかし株価水準が割高で２０１４年までは往年の輝きを失っていた。そこへダン・ロープがファナック買いに出動した。

ファナックが２０１４年末になって大き

く上昇したのはダン・ローブの投資が理由である。大株主になり会社にアクティビストとして要求を突きつけた。2014年秋から年末にかけての株価から判断して仮に発行株式数の10％を買ったとしたら、ダン・ローブの投資金額は4000億円前後であった。2014年に中国株アリババが公開したときは公開時に1200億円以上の資金を投入したぐらいだから、この程度の投資は考えられる。

ダン・ローブはアクティビストとしてファナックに要求を出した。企業価値の向上（表現を替えると株価の上昇）のためであった。この要求を受け入れ保守的なファナックが2015年3月期から配当性向60％を基本にすることを決め、株価水準に応じて株主への総還元率を80％にする約束をした。また自己株の保有の上限を5％とし、それ以上は償却することを表明した。

これまで決算後の説明会（アナリスト、機関投資家向け）は行わなかったが、透明性の向上のための開催を決めた。保守的な企業ガバナンスを大きく転換したのは、ダン・ローブの要求に動かされたからである。

彼はいち早くアベノミクス相場の到来を予見し、その人気をみずから演出し稼ぐという行動力はヘッジファンドのなかでも抜群である。

彼の運用資産はおかげで200億ドル前後まで膨れ上がった。20年前に330万ドルでスタートした資産規模は6000倍になった。ヘッジファンドのなかでも史上最速の資産規模の増加率である。

彼の運用スタイルはソロスなどの伝統的なヘッジファンドとは本質的に異なる。それはアクティビスト活動をともなった多様な運用手段を武器の一つにし、その運用戦略を駆使してきたからである。

相場が低迷するときでも、経営者の問題点を突いて株価を動かすという新しい時代のヘッジファンド運用手法で成功した。

アクティビスト活動は、これからのヘッジファンド運用手段の一つとして主流を占めていくだろう。大株主になって上場企業に企業価値の向上を要求する。相場環境が低迷しても自らのアイディアと力で有望な投資銘柄を発見していく。

アクティビストが未来を拓く

ダン・ローブと並ぶ新鋭ヘッジファンドはビル・アックマン（パーシング・スクエア）である。1966年生まれで50歳。ダン・ローブと並んでヘッジファンドの新世代の旗手である。父親はニューヨークの不動産金融会社の経営者であった。

アックマンはハーバード・カレッジを首席で卒業し、その後、ハーバード・ビジネス・スクールで学んだ。卒業後、友人と投資会社を設立し、いくつかの小型の企業買収案件では成功したが、その後、アクティビストとしてロックフェラー・センターやスーパーのJ・C・ペニーのM&Aに挑戦したが成功しなかった。

2004年にヘッジファンドのパーシング・スクエア・キャピタル・マネジメントを設立し、個人の資金と友人の資金を合わせ5400万ドル（60億円）の運用資金を集めた。ヘッジファンド運用では買収案件で大きな実績をあげてきたが、対象は消費関連が中心であった。

彼の存在感が大きく注目されるようになったのは2012年末に健康食品のハーバーライフ（HLF）の膨大なショートポジション（空売り）を積み上げ、その企業戦略に疑義ありと主張して、ネズミ講的な販売で顧客を欺き成長していると批判を始めたことである。

会社の業績は好調でウォール街でも成長企業とみられ人気株の一つであった。継続的な顧客を販売組織のなかに取り入れ、新顧客の紹介者に利益還元して市場開拓を図ってきた。アックマンはネズミ講と判断し綿密なレポートを作成し同調者をつのるキャンペーン

ハーバーライフ（HLF）

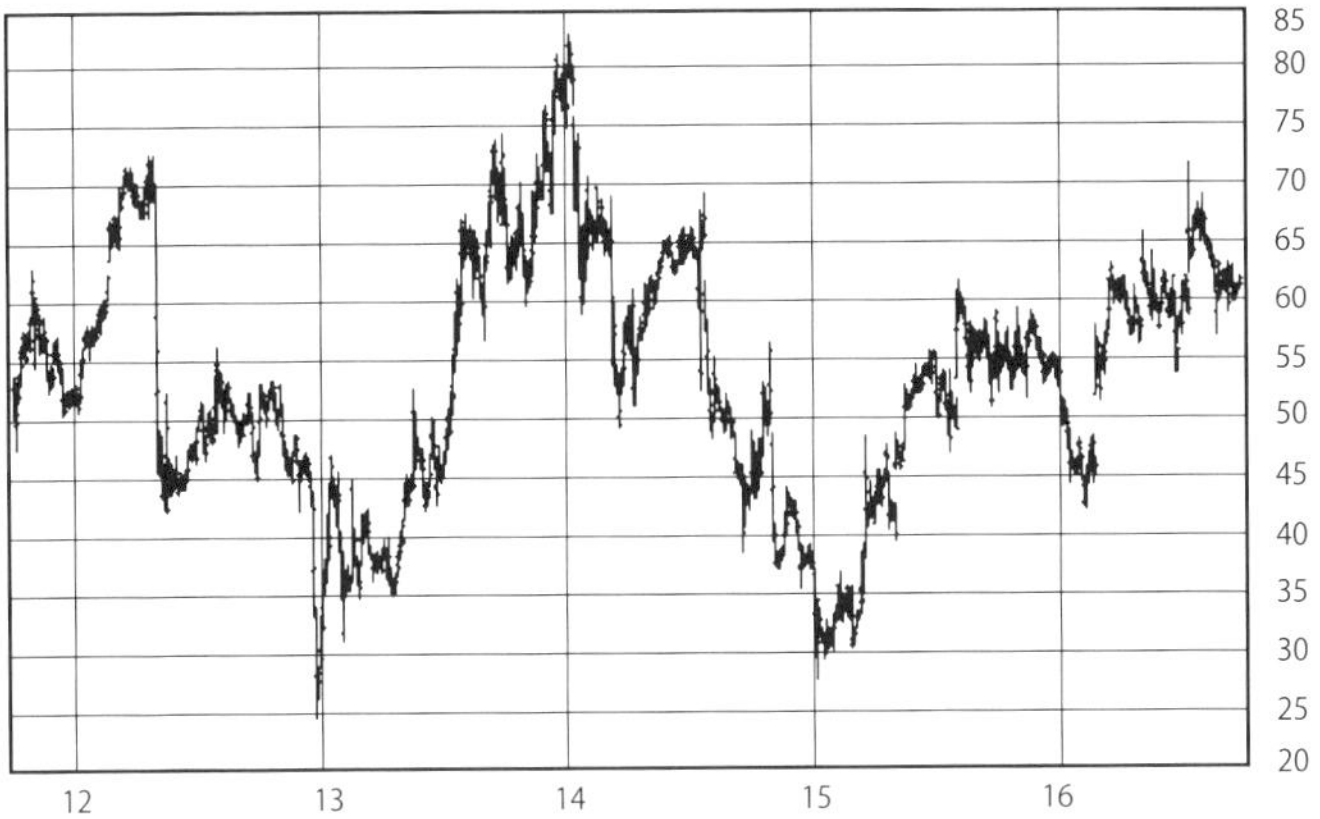

を行った。同調者も現れたが、強引な反対攻撃に合い相場は仕手戦の模様を呈した。

ウォール街で本格的な仕手戦になったのは2013年半ばからで、アックマンが詳細な攻撃のレポートを次々に連発した。これに対抗して会社側は株価操作と反撃した。ヘッジファンドの間でも敵味方に割れた。アクティビストの最古参のカール・アイカーンが最大の買い方に回り、ソロスのファンドまでが参戦するという乱戦模様になった。2013年にはハーバーライフの業績停滞もあって、株価が一時は3分の1まで下落した。この時点ではアックマンの勝利かとみられた。アックマンの偉大なところは、ハーバーライフに専念するだけでなく、その後はヘルスケア業界の再編の波に乗り大きなヒットを飛ばし、2014年の運用成果は年率＋40％増と絶好調であったことだ。

パフォーマンスの好調とその人気も加わり運用資金は増加の一途をたどり資産規模は200億ドル（2兆2000億円）に乗った。この間、ハーバーライフの株価は業績の回復もあって大きく反発し、アックマンの現在の含み損は5億ドル超（550億円）といわれた。それの影響を受けずに全体の運用成果では他を圧して年率40％上昇をあげた力量はただ者ではない。2004年に5400万ドル（59億円）でスタートしたファンド規模は10年余で37倍になった。彼の名声が確立するとともに、好成果が運用資産の増加につながる好循環を生み出した。

しかし2015年には一転して運用のツキは吹き飛ぶ。大量投資していた新進の医薬品株バリアント・ファーマシューティカルズ（VRX）への投資である。医薬品株人気の先頭に立って話題を集め、他の多くのヘッジファンドがこの銘柄に群がった。

株価は5年間で10倍になった。ヘッジファンドが群がり「上がるから買う」という超人気株になった。それが2015年に90％以上も暴落した。空売り専門のヘッジファンドのシトロン・リサーチの攻撃を受けたからである。ニュースレターを発行し、弱気見通しを

バリアント・ファーマシューティカルズ（VRX）

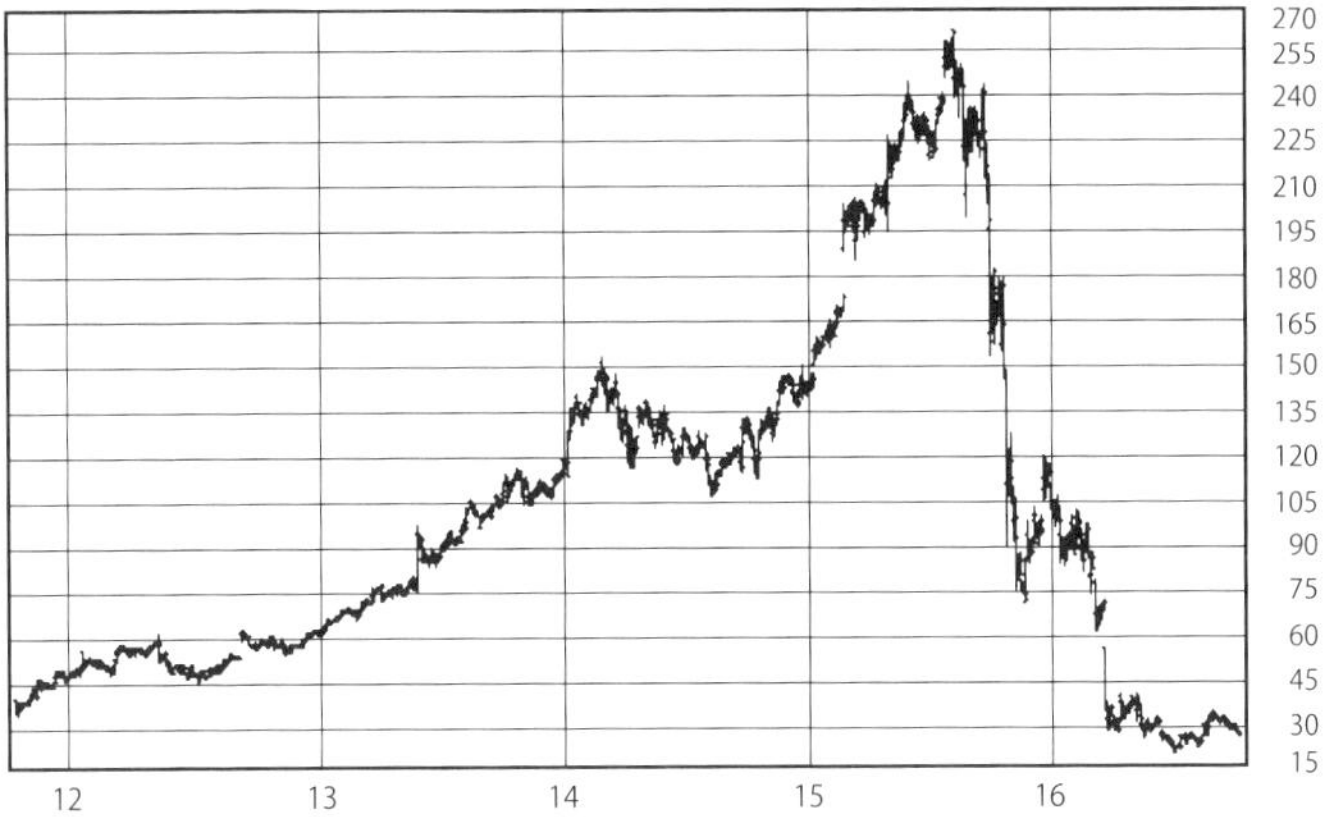

看板にして下落を狙って稼ぐ異色の存在だ。いかにもウォール街らしい投資家だ。バリアント株の人気が絶頂期にあったときだが、その攻撃でアックマンは大きな損失を出す。ただアックマンの自分の考えに対する信念は揺るがず、暴落の過程で買い増し10％近い大株主になった。攻撃を受けたバリアント・ファーマシューティカルズは製品の価格設定の不透明さをつかれ業績が大きく落ち込んだ。アックマンは経営陣を交代に追い込み、自らも取締役になり経営トップを新しく送りこみ再建をはかる。口先だけでなく、行動も起こすアクティビスト活動の真骨頂を発揮した。ソロスが口にする「間違いと悟ったらすぐに撤退」という投資哲学の逆をいく。普通なら手を引

くところだが、バリアント・ファーマシューティカルズの成長力に対しての信念はゆるがない。これまでバリアント・ファーマシューティカルズ以外に投資していた有望株を売却しファンドの負債を減らした。

加えてパーシング・スクエアの画期的なところは、2015年初めにヘッジファンドの一つを会社型投信にしてオランダのアムステルダム取引所に公開したことだ。世界中の投資家が毎日、時価で容易に売買できる。株価はインターネットでアクセスできるし、投資家への情報公開にも力をいれる。売買しているファンドは現在、純資産を下回っているが、この種の取引にはまだ投資家が不慣れであるからだ。ただ毎日、自由に売買できるヘッジファンドというのは珍しい。

同年代のダン・ローブと並んで、次代の業界のリード役である。

世界最大のファンドをつくり上げたレイ・ダリオ

日本ではあまり知名度が高くないが、いまやヘッジファンド業界ではジョージ・ソロス、ジュリアン・ロバートソンの偉業をはるかに飛び越え運用資産が200億ドル（2兆2000億円）超になったレイ・ダリオを最後に書こう。1949年生まれで戦後派のヘッジファンドでは断トツの存在だ。父親はミュージシャンでイタリア系アメリカ人。ウォール街から離れたコネティカットに本拠を構える。従業員は１２００人の大所帯の運用会社である。

１９７４年にハーバード大学でＭＢＡを取得。ウォール街のシアソン・ヘイドンストーンで証券取引所のフロアー・トレダーになったことが人生の振出しであった。12歳のころから株式投資に手を染め空輸株の投資で大きく利益をあげたが、子供のころから自分の進むべき道を決めていた。早くから株式投資に関わりをもったのはダン・ローブと同じだ。ファンド設立は１９７５年で米国経済が苦難の時代に突入した時期である。１９７１年にはニクソン・ショックが発生しドルと金兌換が停止され、米国が戦後の繁栄期を終え、混乱期に突入したときであった。

彼は経済という機械を念頭におき、それを経済と市場の二つの機械に分解する。この二つの機械はさまざまな部品から構成されており、これらの動向の相互作用によって経済と市場が変動していくというモデルを設定した。

オールウエザー（全天候型）の運用をめざし、相場がどの方向に動いてもそれに対応できる運用手法の開発に全力を挙げてきた。経済という機械にはときとして部分的に不都合が起こり、部品が損傷する。不都合が大きくなれば、予期せぬ出来事が発生する。この思考をニクソン・ショックに適応した。世界の国々は過剰債務になり、貸し手が資金融資を渋り出した。このために米国の中央銀行が紙幣の印刷を急増し、結果として株価と金が上がった。市場と現実の思考の間に大きな開きが発生した。

1975年にニューヨークの古びたアパートでファンドを設立し、主に商品、通貨、債券のトレーディングのほか、企業への金融面での助言、日刊ニュースレター『ブリッジウォーター観測』を発行してきた。飛躍のきっかけはハンバーガーのマクドナルドと原材料の変動をヘッジする助言契約を結んだこと、1987年に世界銀行と一部の資金運用の契約に成功したことである。その後、ヘッジファンドの運用成果は好調で、運用資金は着実に積み上がってきた。

リーマンショック直前に金融市場の危機を的確に予見したことでも有名だ。金融恐慌の到来に備えたポジションにし、そのおかげでリーマンショックの被害は軽微で乗り切った。その後の相場の立ち直り局面では大きな利益をあげ、2010年には過去36年では最高の年率+45%という成果をあげた。資金量が大きくなっていたときだけに、運用資産の増加への影響度は大きく一挙に世界最大のヘッジファンドにのし上がった。

彼の運用の根底をなす思考にインドのヒンドゥー教に由来する哲学「超越瞑想」という教理がある。

「雑念を追い払い、解放された境地に達する」という点に、一時は日本でも盛んになり京セラ、トヨタ自、住友重機も経営に生かしたが、米国の成功者にはよく見られる事例でアップルのスティーブ・ジョブズもインド哲学に関心をもったことは有名だ。

私の知人のヘッジファンド運用の成功者は自らを「セックス＆バイオレンス」（性と暴力）と自嘲するが、その行動は全く正反対の思考で動いていることがわかる。

東京市場ではダン・ローブ、アックマンのことは耳にしてもレイ・ダリオはあまり話題にはならない。しかし、いまや押しも押されないヘッジファンド業界の第一人者である。

ヘッジファンドの運用者の経歴を調べていて気がつくのは、ハーバード大学、コロンビア大学で学んだ人材が多く、しかも在学中は優等生で卒業時には賞状を授与されているケースが多い。

また子供のときから株式投資に関心を持ち、小遣いで投資をした経験が散見される。もともと並外れた才能の持ち主で、遺伝子のなかにヘッジファンドで成功できる性格が備わっていたと信じたくなる。

東京市場でも、これから投資の道幅がもっともっと大きくなるだろう。

ヘッジファンドの論述が長くなったが、それは20世紀が生んだ最大の話題のテーマであるからだ。成功者レイ・ダリオで本章を結ぶが、彼の本拠地コネティカットに旧知の運用者を訪ねたことがある。

20世紀の日本株ブームの立役者ハリー・セガマン（フィデリティ投資顧問のジャパンファンド創設者）。1960年代後半から1970年初めまで、彼が来日して企業訪問したらその株が急騰するという人気の運用者であった。戦後の外人による日本株投資の、文字通りパイオニア的な存在であった。

晩年はコネティカットの広大な自宅の一角に事務所を構え、勤務先への出社は不定期にして、自宅で資金運用を行っていた。1980年に私は証券会社の国際部門を離れることになったので、お世話になった挨拶に訪ねた記憶が蘇る。送別会を自宅で開いてくれた。そのコネティカットにレイ・ダリオが拠点を置き、世界最大のヘッジファンドを築き上げたのは感無量である。

ヘッジファンドの誕生は多くのビリオネイヤー（10億ドル長者）を短期間に生み出し、米国をはじめ世界の株式市場の拡大に大きな寄与をした。これからの株式市場でだけでなく、世界の金融市場の動きを大きく左右していく存在である。ダン・ローブ、ビル・アックマンのようなアクティビスト運用は相場の合理性の拡大に貢献するし、レイ・ダリオのような大型ファンドの存在が金融市場の合理性を高める機能の一つにもなっていくだろう。

ウォーレン・バフェットが後継者としてこれまですぐれた成績を上げた運用者ドッド・コームズとテッド・ウィシュラーを後継者にスカウトをしたのも、ヘッジファンドの存在感の将来性を見込んでのことである。２人ともすぐれたヘッジファンド運用者であった。

第2章

テン・バガー（10倍株）を見つけるリンチの心得

ピーター・リンチの投資法則

20世紀が生んだ3大投資家の1人といわれるピーター・リンチの株式投資から始めよう。

彼はマジェラン・ファンド（フィデリティ・マネジメント）を世界最大の投資信託に育て上げた。1977年に1800万ドル（19億8000万円）でスタート。1990年には140億ドル（1兆5400億円）の大規模な投信になった。

彼が運用を始めたときに1000ドル（11万円）投資をしたら、13年後には2万8000ドル（308万円）と28倍になった。

米国が20世紀に生んだ偉大な投資家3人に数えられる（ほかの2人はウォーレン・バフェットとビル・ミラー）。

なかでもいちばん、私に身近な存在として感じられるのは、日本株の売り込みにフィデリティをしばしば訪問したが、そのときにボストンの本社で活躍していたからだ（残念ながら会うことはできなかった）。彼に面接できていたら投資法則の一片でも実践にとりいれることができたかもしれない。

彼の投資法則のなかでも、成功するためには「テン・バガー（ten bagger／10倍になる株）を見つけることが最高の目標」という言葉に最もひきつけられる。口にするのは簡単だが、実践するとなると容易なことではない。

彼もこのことは承知のうえで、「10年間に大化けする株を2つ見つけるのがやっとである。規模の小さい投資家は、〝5つの法則〟に従って、自分のポートフォリオを5銘柄に絞りこむことは可能だ。その内の1銘柄だけでも10倍株になれば、他の銘柄がそろって横ばいとしても、資産は3倍にふくれる」（『ピーター・リンチの株の法則』ダイヤモンド社刊）。「第5番目の法則」については次のように書いている。

「ある面においては、株式投資信託は株式となんら変わらない。利益を上げる唯一の方法は保存し続けることである。そのためには強い意志が求められる。株式投資ができない臆病な投資家にとって株式投資信託は何らそれを克服する方法とはなりえない。最も高いパフォーマンスを上げているファンドが、調整局面において平均的な株式よりも大きく値下がりすることは通常よく起こることである。私がマジェラン・ファンドの指揮をとっていたとき、通常の株式が10％下落した9回のケースにおいては、マジェラン・ファンドの値下がりのほうが市場よりも大きく、反発のときの戻りは市場よりも大きかった。この反発から利益を上げるためにも、投資家はファンドを持ち続ける必要がある。

何が起きてもそれに対する備えがあれば、人々は悩みもするだろうが、驚いたりはしないだろうという考えに基づき、マジェラン・ファンドの投資家への手紙のなかで、マジェラン・ファンドは荒れた波には揺れやすい傾向があると警告しておいた。そのために多くの株主は、とり乱すことなくファンドを保有し続けてくれた。しかし何人かの投資家はそうではなかった。

自分の保有している株式が50％値下がりすることに耐えられない投資家は株式を保有するべきでない、というウォーレン・バフェットの警告は、投信信託にもまたあてはまる」

テン・バガー（10倍株）を見つけ成功する心得をピーター・リンチは説き、長期投資の視点で株式を選択すれば必ず全体の成果を押し上げる投資成果を上げる自信を披露した。いまでは運用資産規模1兆円は珍しくないが、20世紀には希有なことであり、当時には真似のできない世界最大規模のファンドをつくり上げた運用者の言葉だけに説得力がある。

彼は1990年に47歳になったとき、現役を引退してマジェラン・ファンドの運用から手を引いた。ソロスのいう彫刻のブロンズ像（時代が経っても崩れない）よりも強固な成果を残した。

10倍株の実例

	安値	高値	上昇率
クックパッド（2193）	226円（2011年3月）	2880円	12.7倍
カルビー（2229）	500円（2011年2月）	5700円	11.4倍
ぐるなび（2440）	382円（2012年5月）	3165円	8.3倍
MonotaRO（3064）	29.5円（2008年1月）	4025円	136.4倍
シップヘルスケアH（3360）	245円（2008年10月）	4400円	17.9倍
JCRファーマ（4552）	282円（2009年3月）	3350円	11.8倍
リゾートトラスト（4681）	345円（2008年10月）	3800円	11.0倍
コーセー（4922）	1692円（2012年5月）	13670円	8.0倍
シスメックス（6869）	588円（2008年10月）	8640円	14.6倍
朝日インテック（7747）	174円（2008年10月）	8680円	49.8倍
ソフトバンク（9984）	636円（2008年10月）	8320円	13.0倍

（注）安値は2008年以降の安値。

「ピーター・リンチのいうテン・バガー（10倍株）を見つけるのは夢のような話」という向きも多いが、それの実現性は日本株投資でも現実には事例も散見され、ここ10年間を振り返ってその種の株を拾い上げ具体例をみれば、今後の投資成功法を見つけるヒントが得られる。

日本株投資でも10倍株は見つかる

私が注目した銘柄のなかから具体例をあげると次の通り。具体的な投資例から選択した。

ただここにあげた銘柄は10倍になる前から投資して持続しているわけでなく、私個人は数倍になってから投資したケースが大半だが、本書、執筆中の時点でもテン・バガーに成長したエネルギーは残っており、成長を継続するとみられる株も多い。

これからさらに10倍になればパフォーマンスが100倍になる勘定で、それは無理としても成長余力は残っている。

そこでケーススタディとして個々の銘柄に注目した理由を紹介し、今後のテン・バガーの発掘のカギにしよう。

銘柄選択の第一歩は、「割安株を見つける」こと。株式投資ルールで第一に尺度として注目するのはPER（株価収益率＝株価÷1株当たり利益）。これは投資家ならだれでも知っている指標である。現在のような情報化時代になるとPERの入手は自分で計算する必要はなく、オンライン取引をしていれば簡単に入手でき、すべての人が知っている。その有用性は薄れてはいるが使い方によっては有用といえる。

「PERが低いので割安です」と単純にすすめられるような銘柄に乗る時代は過ぎ去った。この原稿を執筆しているときのPERは16倍（東証全銘柄・予想利益ベース）である。

ここにあげた銘柄で平均PERが低いのはソフトバンク（9984）だけで、ほかは平均16倍と大きくかけ離れている。

株価が10倍になったからPERは上がったが、仮に利益が1年で2倍にでもなれば現在の株価で計算してもPERは半分になる。ここが肝心なところでMonotaRO（3064）のPERは47倍だが、利益が2倍になればPERは23倍にある。

いまひとつシップヘルスケアホールディングス（3360）をみてみよう。表のなかではPERが15倍といちばん低い。すでに7年で株価は17・8倍と驚異的な上昇率でピーター・リンチでさえ羨む成果を上げた。このように同じテン・バガー（10倍になる株）でもさまざまである。そこでPERが高い共通した要因が見つからないか。

ここにリストアップした個々の企業をみてみよう。読者には聞いたこともないような企業もあるかも知れないが。

テン・バガー（10倍株）
クックパッド（2193）グーグルがいち早く注目した

この会社に注目するきっかけは、2002年にウォール街で新規公開して世界的な企業に飛躍したグーグルが、公開当時、日本企業のなかから検索エンジンのサイトのなかに採用したこと。当時としては数少ない企業であったからだ。その価値を見抜いた慧眼にはさすがに先見の明がある。クックパッド（2193）のビジネスモデルはすぐれており、現在もなお着実な成長路線を走っている。

家庭内での料理レシピ・サイトが人気を集め無料会員には関連会社からの広告で収入を得るほか、有料会員からは安定した収入がはいる。外国語の情報も提供し市場の拡大に力をいれ、今後も拡大の余地は広がる。株価の上昇には株式分割で株価の水準の切り下げに力点をおく。この政策は成功してきた。

最近は営業利益率が40％台と米国のインターネットの高収益企業の水準に達してきた。グーグルがいち早くそのビジネスモデルに注目しただけに、インターネットとは親和性の高い料理レシピはスマートフォンの普及で一般の家庭に深く入り込むことになった。公開後は、どこで投資しても長期投資で報われた。

魅力はインターネットという人気テーマ、料理という時代が変わっても永遠の市場をもち、景気変動には左右されないことである。いまや生活必需品的な存在になってきた。

ＲＯＥ（株主資本利益率）の高いことも注目点である。

クックパッドはビジネスモデル（企業の業務内容）やＲＯＥからみても有望企業である。ただ本書の執筆時点では経営陣間の内紛で株価の人気が離散しているが、成長の可能性はゆるがない。

（注）株主資本利益率（Return On Equity）について
株主資本利益率＝（純利益÷株主資本）×100
株主の資産である株主資本に対してどれぐらい稼いでいるかをみたもので、株価を評価する上では重要な指標の一つ。仮に年率10％なら株主資本は7.2年で2倍になる。ウォーレン・バフェットが重要視する企業の評価基準の数値の一つで、ほかの条件を考えずに将来の株価を予想するなら、このような企業の株価は7.2年で2倍、14.4年で4倍という単純な評価ができる。

テン・バガー（10倍株）

カルビー（2229）欧米流の経営哲学を生かし成功した

2011年3月の東日本大震災の時期に株式を公開した。公開時のロードショー（機関投資家・アナリスト向け説明会）に出席したが、そのときのカルビーには「かっぱえびせん」のカルビーというイメージが強く、伝統的なスナック菓子メーカーの印象であり、その見方は間違っていなかった。

その後、短時間に株価が10倍以上になったのは新経営者の松本晃会長の手腕によるところが大である。伝統的な菓子メーカーから国際企業への道筋を開いた。

同会長は米国の製薬企業ジョンソン＆ジョンソン・メディカル日本法人社長からスカウトされ老舗企業を託されたが、米国流の経営哲学を生かし短期間に国際的な企業に変貌させた。

主力製品であったジャガイモ、コーンを原料とするスナック菓子の種類をふやし、10年に1度のヒット製品をだしてコア商品に育てるという会社の成長パターンを大きく変えた。ヒット商品の開発のサイクルを縮めシリアルをベースにしたグラノーラに進出し成長の加速化に成功した。

いまひとつは海外戦略で北米にコーン系のスナック工場を建設してウォールマートの店舗網での販売に成功した。

ほかに中国、韓国、フィリピン、シンガポール、タイなど海外拠点を積極的に拡大し、特にこれまでうまくいかなかった中国での合弁企業から手を引き、自らの手で市場開拓を行う。残された大きな有望市場である。

会社の目標は現在10%台前半の営業利益率を20%にすることである。売上を10%増加すれば、利益率は20%台になるというのが経営者の目標である。

テン・バガー(10倍株)

ぐるなび(2440)　今後も着実な成長が期待できる

インターネットは旅行、レストランの予約ビジネスと相性が良いと早くからいわれてきた。

旅行商品のネット販売の「一休」がソフトバンク・グループに買収され、ぐるなびはこの分野では独立系で順調な成長を続ける希有な存在で、今後は成長率が高まることが期待できる。

営業利益率が20%と高収益率で、エムスリー(2413)30%、ヤフー(4689)53%に並ぶ高い利益率である。インターネット関連の本領を存分に発揮している。上場廃止になった一休は同30%台であったが、ビジネスモデルからしてぐるなびも30%台乗せが期待できる。

同社は全国の飲食店を会員にしてネット上で予約を取るサービスを行い、現在は全国5万7000店の会員から収入を得ているが、会員数は着実に増加している。

人口流入の大きい首都圏に力点をおいて営業展開を行い、首都圏の飲食店からの収入が

50％（全国での首都圏の比率44％）になり、これまでの営業戦略が当たった。

今後は訪日外国人のインバウンド需要を狙い、２０１６年6月から米大手トリップアドバイザーと提携して、外国語版のレストランページの運営を始めた。

先に経営計画を策定し、5ヵ年後の業績目標550億円、営業利益を１００億円とした。売上のうち１００億円を新規事業としているが、このなかには旅行商品も含まれている。売上の成長率を2桁台に置いた意欲的な目標である。

株主還元にも積極的で、5月には発行株式数の3・6％の自社株買いを決めた。配当は40円、配当性向41・2％で今後もこの方針は続ける。

今後の成長率の2桁台入りの目標を評価し、目先でも投資したい値ごろ感である。

テン・バガー（10倍株）

MonotaRO（３０６４）中小企業向け資材のネット販売

製造業、建設業・工事、自動車関連向けに工事・工事用間接資材をインターネットで販売するビジネスモデル。もとは米国発のビジネスモデルで従業員が50人以下の企業が顧客の70％強を占める。小売業だが営業利益率が13％超で、規模の利益を生かして利益率は着実に上昇している。

最近は積極的なＴＶでのＣＭを定期的に流し顧客数が増加，口座数は10万を超えた。取扱い商品の点数は継続的に拡大し９００万点を超え、在庫点数は24万点になった。

２０１５年には医療介護用品の取扱いを始め、ビジネス分野の拡大を進める。自社所有の物流センターを新設し、在庫点数を増やし顧客の利便性に力をいれる。

顧客は製造業、建設業・工事、自動車が全体の80％であったが、これからは顧客の業種の拡大を図り、成長率を高める。

ＲＯＥが45％と高水準である。今後も投資魅力は高まり、株価の堅調が続くとみられる。

テン・バガー（10倍株）
シップヘルスケアホールディングス（３３６０）医療機関向け設備の販売

病院、診療所、医院に医療機器を販売するほか、病院、診療所の新設、改造などのビジネス、調剤薬局や介護施設などの運営にも乗り出す。米国に比べ日本ではこの分野でのビジネスが立ち遅れていたが、今後は政府の医療費の節減で医療業界も合理化が迫られる。

同社が活躍する分野は今後とも拡大していく。

特に米国に比べてこの分野でのビジネスは立ち遅れてきた。ここに上げた株価のパフォーマンスではリーマンショック後の相場の回復局面で17倍と驚異的なパフォーマンスを達成した。

老齢化社会にはいりこの種のビジネスの活躍余地は高まる可能性が高い。

米国にはこの分野のビジネスをさらに拡大したビジネスモデルの企業がある。エクスプレス・スクリプト（ESRX）だが、株価も長期的にみて上昇トレンドにある。

テン・バガー（10倍株）
JCRファーマ（4552）日本発のバイオ関連の第一号

日本発のバイオ関連医薬品に特化した企業。世界的な大手医薬品企業のグラクソ・スミスクラインが24・5％を保有する。

メイドイン・ジャパンのバイオ医薬品では先駆的な企業である。尿由来のタンパク質分解酵素「ウロキナーゼ」の製造で脚光を浴びた。心筋梗塞、脳梗塞時に血栓を溶解し血流を回復させる医薬品の開発で有名になった。

バイオ医薬品では他家由来（他人の細胞からとったバイオ医薬品）の再生医療製品を発

エクスプレス・スクリプト（ESRX）

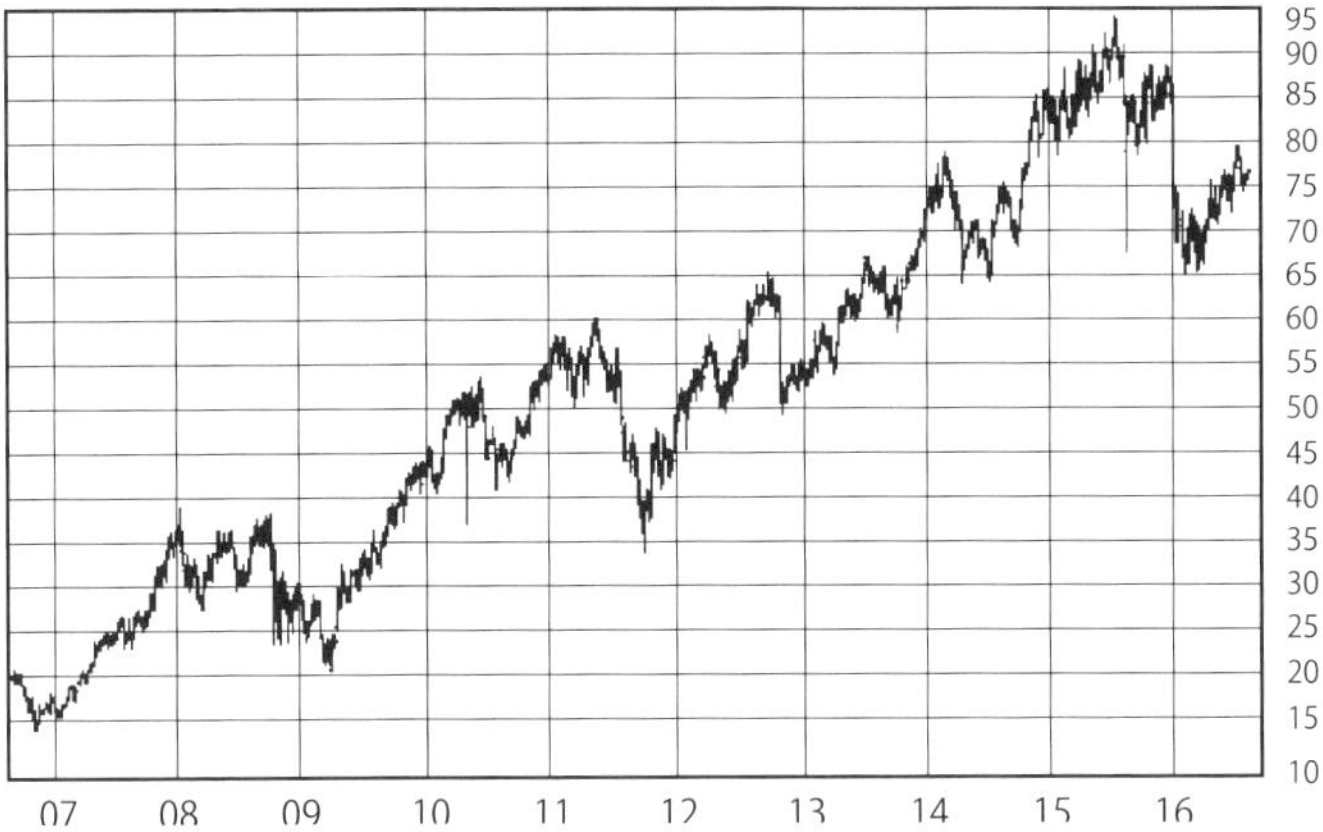

売し、バイオ医薬品の最先端をいく。特に希少疾病治療薬の「造血幹細胞移植後の急性移植片対宿主病」向けという一般には理解し難い治療薬の製造承認を受け販売を始めた。得意の再生医療の製品で、バイオの先端をいく。

日本では珍しい独自のバイオ技術をもつ医薬品企業である。

外人投資家の注目度が高く最近は大口投資がはいった。小型医薬品株の代表的な成長株である。

テン・バガー（10倍株）

リゾートトラスト（4681）
会員制リゾートホテルで独走

1970年代の田中角栄首相が提唱する日

本列島改造ブームのとき、全国各地にリゾート開発ブームが起こり、余暇を過ごすための保養地やホテル施設ができた。そして、会員制の運営企業が雨後の筍のように出現したが、その後の資産バブル崩壊で大半の会員制クラブは消え去った。

独立系で生き残った数少ない企業がこのリゾートトラストである。それだけでも経営者の資質がすぐれていることがわかる。

株式市場がリーマンショックから立ち直り始めたときから、この株に注目し始めた。私は縁があって夏季休暇は琵琶湖畔で過ごすことが多かったが、滋賀県彦根近くの田んぼのなかに辺りの雰囲気にあまりそぐわないダントツに大きなモダンな建築物を横目に見てきた。それがリゾートトラストの運営するホテルの一つであることを知ってから、あまり時間は経っていない。

ウォール街での人気株を調べていたら数年間で40倍以上になった株があった。世界最大の会員制リゾートホテルのウィンダム・ワールドワイド・コーポレーション（WYN）だ。世界70ヵ国以上に600のホテルを経営する、会員を中心にしたリゾートホテルチェーンである。大手ヘッジファンドや機関投資家が競って投資した。

これがヒントになってリゾートトラストを調べ始めた。

ウィンダム・ワールドワイド・コーポレーション(WYN)

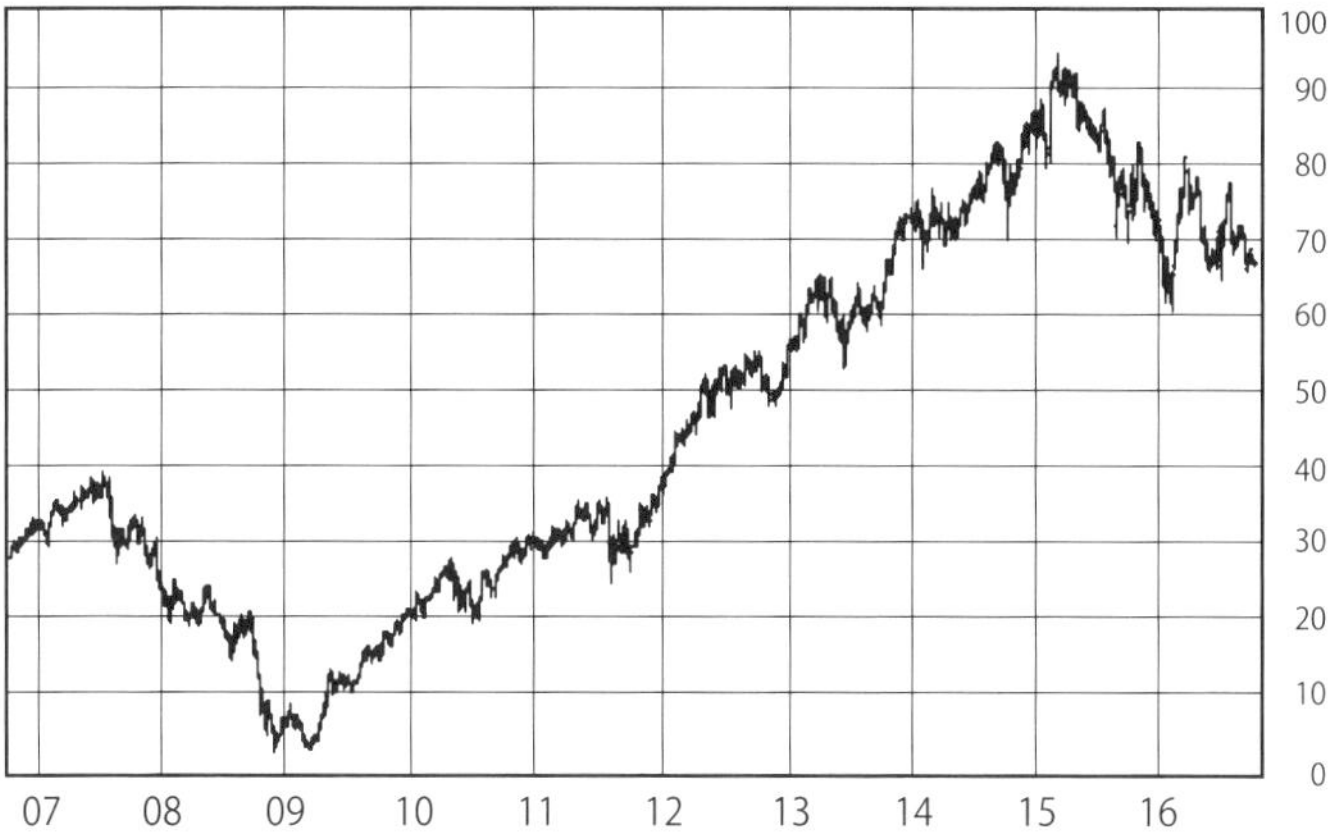

一言でいうなら高級会員制リゾートホテルを展開するが、ホテルは関東、中部、関西で日本列島からすると限定的で成長の余地は大きい。

経営がすぐれているのは高級リゾート運営というイメージを利用してがん検診を中心とした人間ドッグを関東、関西で運営を始め東大、京大などと連携して、リゾート会員などに呼びかけチェーン展開を始めた。ホテルとは異なり一ヵ所の投資金額が少なくてすみ、これまでの会員に呼びかけるとともに、口コミでの加入者も多く、この部門も既存のリゾートに並ぶキャシュフローを生み出す部門に育った。リーマンショック後の節約時代でも着実に成長する手段に手を打つ戦略はすぐれている。

ゼロ金利時代をチャンスとみて、この慎重な会社がハワイで豪華ホテルの「ザ・カハラ・ホテル」を2億9000万ドルで買収した。かつてヒルトン・グループが所有し育てた名門である。

これが海外進出の第一歩になり、今後はウィンダム・ワールドワイドのような拠点展開を海外で推進していくとみられる。この分野では日本は欧米に比べ大きく立ち遅れただけに、日本にもつ40ヵ所以上の現在のホテルの会員権もアジア系の外人が注目する可能性が出てきた。

ごく最近、リゾートトラストは神戸の六甲山にサンクチュアリ・ヴィラの会員権を一口2756万円で販売を始めた。会員は年間26泊の権利が確保できる。富裕層をターゲットにした営業戦略である。会員権の販売総額は250億円。現在の同社の年間の売上の20%弱に当たる。

第二の米ウィンダム・ワールドワイドである。

リゾートトラスト(4681)

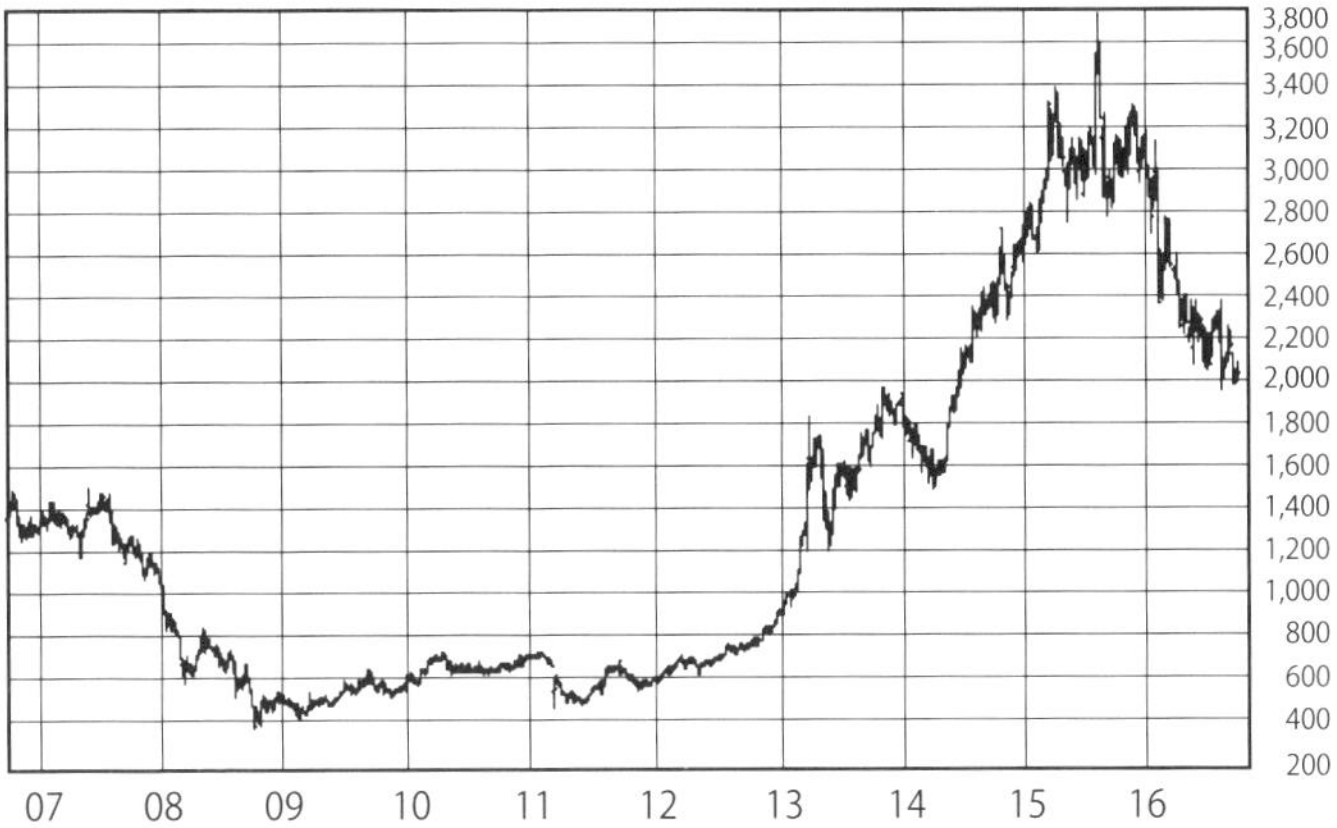

テン・バガー(10倍株)

コーセー(4922)インバウンド需要の人気の主力株

これまで化粧品株には関心をもったことがなかった。無意識のうちに分析対象にする機会を失ってきた。ウォール街で成長イメージでもあるなら関心をもったかもしれない。

今回、初めて注目したのは日本への外人観光客が急増し、インバウンド関連株が相場の大きな柱になったからだ。私の事務所は東京のど真ん中に居を構え、東京駅、銀座などへは徒歩圏内にある場所で生活していると訪日外人の数の動向が毎日、肌で感じることができる。隣接するショッピングモールを通りぬけて仕事に出る日常だが、いち早く訪日外人には関心をもつことができた。１９７０年代にニューヨークのマンハッタンで生活して、日本人観光客の数が日増しに増えていったことを思い浮かべる。

訪日外人の人気商品のトップクラスの一つは化粧品であることは知っていたが、コーセーを調べてみてインバウンド需要のすごさを知った。

この原稿の執筆時は２０１６年３月期の中間決算の発表後である。２０１５年度中には4月28日（２０１６年３月期予想）、７月31日（同増額修正の予想）、10月30日（同修正予想）と２０１６年３月期の予想を３回修正した。発表のたびに２０１６年３月期の見通しは次のように修正された。

●営業利益予想　２４０億円→２８０億円→３３０億円

増益率が加速されての修正だからすごい数字である。

同社の主力商品のスキンケアクリーム「雪肌精《せっきせい》」をはじめ、製品には幅広く人気が出た。戦後、海外の化粧品に日本の女性があこがれてきたような人気がそのまま、日本の製品に移ってきた。訪日外人のインバウンド需要が同社製品に集中し、３ヵ月ごとに15％近い売上の増加率を示している。

コーセー（4922）

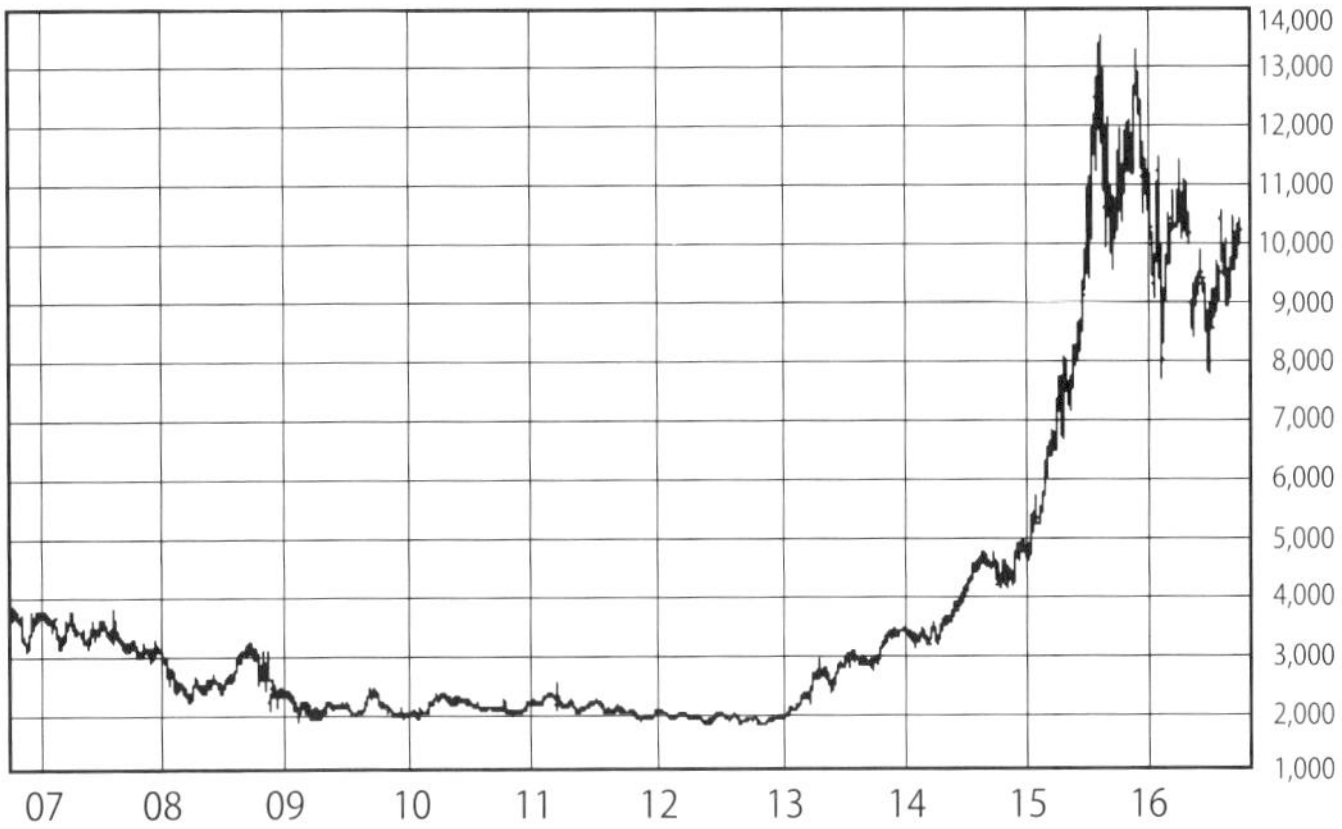

高収益によるキャッシュフローの増加を背景に、米タルト社を買収し北米にも拠点ができた。地域別の売上の伸び率は米国が３倍近い数字になっており、海外比率が16％になってきた。売上増をみるとインバウンド需要が成長分に等しくなり、その威力がわかる。政府は年間の訪日外人数を２０２０年に２０００万人とみていたが、２０１５年には達成して、目標数を４０００万人に引き上げた。ＧＤＰでみても日本経済の成長率の重要な要因にのし上がることは確実である。

特にコーセーの業績推移は関連株のなかでも目立っており、会社ではこれまでの経営改革が地に着いてきたところへ、インバウンド需要と米国企業の買収という国際戦略の足掛かりができ、積極的な経営戦略の展開をとるだろう。

テン・バガー(10倍株)

シスメックス(6869) 縁の下の力持ち的存在

病気になったとき医師の問診で病気が診断され投薬されるが、すぐに治らない場合はレントゲン、CT、MRIなどの検査機器で精密検査が行われ、同時に血液検査も行われる。血液検査は貧血、白血病、血小板減少症、血栓症疾患(心筋梗塞、脳梗塞、血友病、肝炎、エイズ、がん、糖尿病、動脈硬化、肝臓機能障害、腎機能障害)など生命にかかわる病気のチェックである。

この血液検査の分野では世界No1の位置にある企業である。病気の早期発見、治療方針の確立、治療状況の確認のためには同社の血液検査機器と試薬が必要になる。

現在の売上をみると世界にまたがり地域別の比率は南北アメリカ22・3%、欧州・中東・アフリカ27・0%、中国25・8%、アジア太平洋7・9%、日本17・0%と世界を網羅している。

先進国は高齢化で診断を必要とする人たちが増加しているほか、膨大な人口を抱える新

シスメックス(6869)

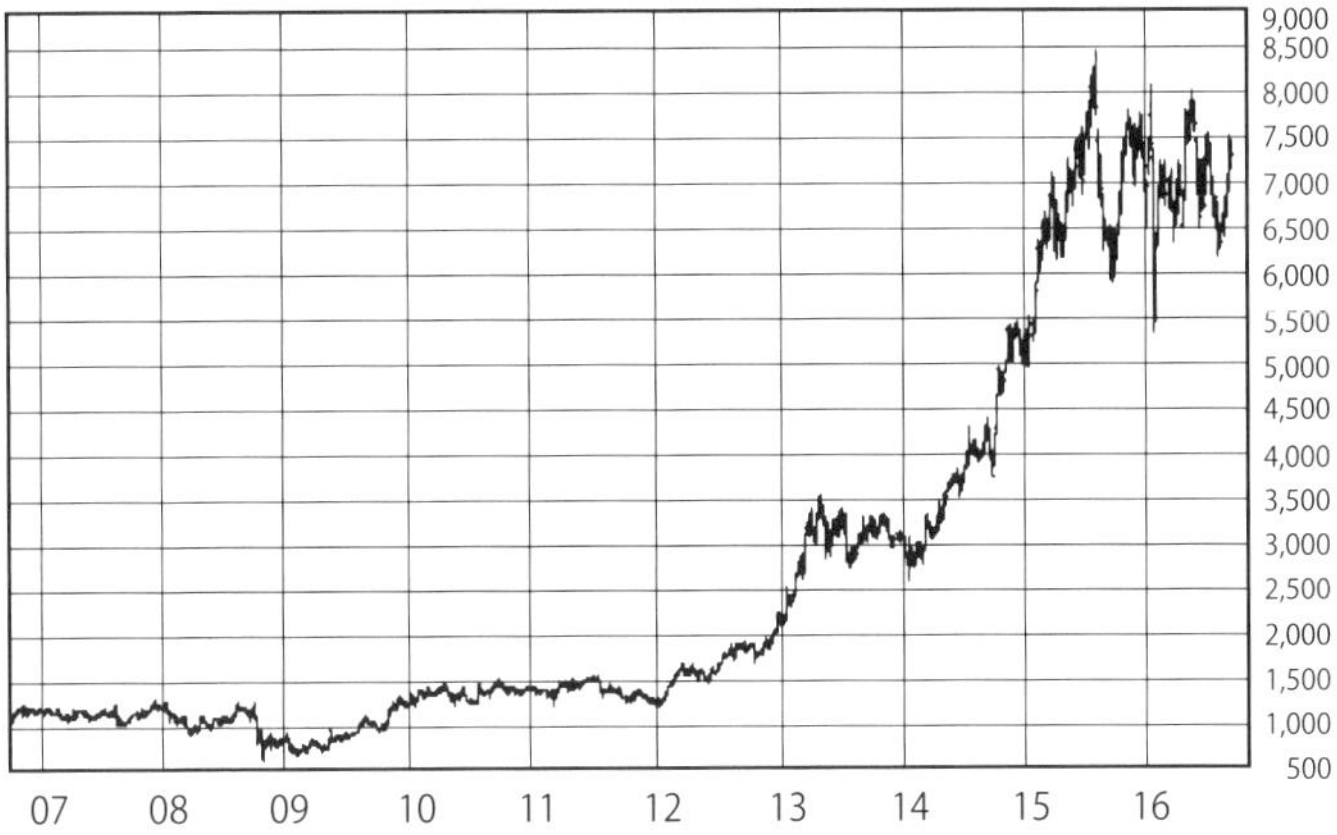

興諸国も将来の期待される市場で成長の源泉になる。

最近の売上の動きでは中国での増加率がずば抜けて大きいのを見ても、人口だけでなく経済力が強化され医療に投じる金額が急増しているからである。この現象が先行き中国を除くアジア諸国でもみられるようになってくる。市場は現在の数字からすると無限大とでもいえる状況である。血液検査が普及している先進国でも新しい技術の開発で検査内容の高度化が進む。

国立がん研究センター内に研究施設を設置し薬剤の効果予測、再発モニタリングなど遺伝子タンパクを用いた検査分野の開発を始めた。営業利益率は20%を超え、医療機器メーカーのなかの高収益企業の仲間入りをした。

なによりも注目したいのは景気の変動には左右されず、同社の研究開発力と新興諸国の市場開拓によって成長が支えられるビジネスモデルが出来上がったことである。

株価チャートをみてもここ5年間の上昇カーブが上方にシフトしていることがよくわかる。同社の製品開発力の進展と世界Ｎｏ１の地位を獲得して着実な成長力が定着してきた証明である。

医療機器関連ではかならずポートフォリオにいれたい銘柄である。インド、ロシアなども中国市場と並んで成長市場に仲間入りをし始めた。

テン・バガー（10倍株）

朝日インテック（７７４７）　精密素材の開発力が新分野で開花

医療・産業用の極細ステンレスワイヤーロープの製造企業であったが、ワイヤーロープ製造で蓄積した技術を医療用の心臓血管治療用のＰＴＣＡガイドワイヤーの製造分野に自社の技術力で乗り出し、素材メーカーから医療用機器メーカーへの転換に成功。世界的な医療機器メーカーの道を進み始めた。日本の精密素材の技術力を生かし成長企業に変貌した。

朝日インテック(7747)

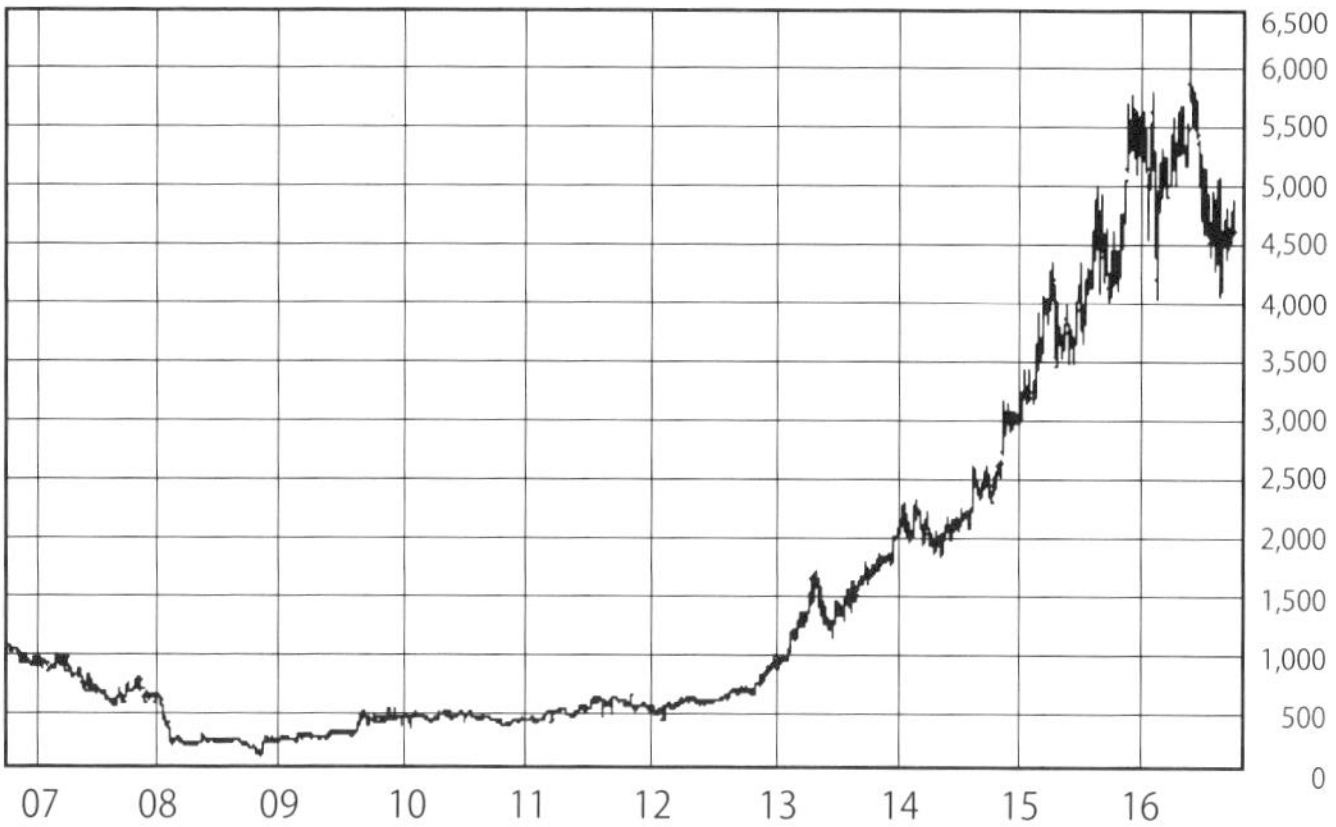

最近は決算発表ごとに業績見通しを増額修正しているケースが多いのはコーセーと全く同じで、高収益企業にのし上がった。

２０１４年６月期の決算発表時に「Global Expansion 2018」と題して２０１８年６月期を目標年次にした３ヵ年計画を公表した。それによると３年後の売上目標は４００億円（２０１５年６月期の売上実績は３５３億２３００万円）としたが、この目標は２０１６年３月期中にも達成する勢いで、成長スピードに拍車がかかってきた。成長トレンドの大きな上方シフトが始まった。前向きの成長戦略が軌道に乗ってきた。

ビジネスの内容は医療機器86・２％、産業機器13・８％で伸び率は本業の医療機器が大きく伸びた。

専門的な話になるが、同社製品は詰まったり狭くなった血管を広げるための機器である。PTCAガイドワイヤーとPTCAガイディングカテーテルで、PTCAバルーンカテーテルを冠動脈の入り口まで運び、狭くなった血管を広げるための一連の医療機器を生産。市場シェアは国内では60％、米国では25％、アジアでは20％、ヨーロッパ・中東では15％。

海外は後発ながらシェアを着実に拡大しているのが、成長の大きな理由である。現在は100ヵ国以上の国と取引がある。医療機器では先進国の欧米の競争相手に打ち勝っているのは、精密技術で積み上げた日本の「モノづくり」の技術が十二分に生かされているからである。

今後は循環器以外の分野にビジネスを拡大、腹部血管系製品、末梢血管系製品（足・腕の血管）、脳血管系製品などの医療分野の拡大に乗り出し、各新分野とも順調に拡大を始めた。循環器での医療機器の成功が、ほかの血管関連の治療にも適用されるという好循環が始まり、限りない成長の可能性がでてきたことはもっと注目してよい。

特に同社の製品は「低侵襲治療」という傷口が小さく痛みの少ない手術に使われ、患者の肉体的・精神的・経済的負担を軽減し、医療費削減に貢献し社会のニーズからも評価される製品だけに、成長率の増加につながる要因が多くみられる。

医療機器関連では是非とも長期投資の対象に入れたい。株価のチャートをみれば納得できる。

ここにあげたシスメックスと朝日インテックをみると日本の医療機器メーカーの世界市場での活躍がよくわかるはずである。

私は1970年代にウォール街で1年間の証券投資の研修を受け帰国し、すぐに米国の医療機器株の人気にひきつけられ、日本で同種のビジネスモデルの銘柄さがしをし、全く見つからず落胆したが、かなり遅れてようやく日本でも無限の成長の可能性をもつ企業が出てきた。

テン・バガー(10倍株)

ソフトバンクグループ(9984)新成長段階への戦略

ソフトバンクの新しい挑戦が始まった。

孫社長の決算プレゼンテーション(2017年第二四半期)は力の入った内容であった。

英アーム・ホールディングスの買収の説明に時間を割いたが、同時に米スプリント回復の説明にも力が入った。ソフトバンクはインターネット・ビジネスからインフラの通信会社に成長した会社である。

いまや世界の3大通信会社の一角を占める地位にのし上ったが、その過程ではインターネット・ビジネスで稼いだキャッシュフローを様々な成長企業に投資し、競合企業とは一線を画してきた。

現在の売上内容をセグメント別にみると米スプリント41％、流通13・6％、ヤフー9・6％、国内通信35・8％である。米スプリントと国内通信を合わせると全体の76・8％を占める。視点によってはわかりやすいビジネスモデルである。

米スプリント部門が最大のウエィトを占めるが収益面での寄与率は国内通信の収益力に比べて見劣りし、買収後やっと収益に寄与し始めたところだ。これらの通信部門だけに依存していたのでは将来の成長に限界が出る。

国際的な大手通信企業を並べるとソフトバンクの売上は10兆円、ＡＴ＆Ｔは15兆4000億円、ベライゾンは1兆8000億円である。ソフトバンクは足元で生み出すキャッシュフローに加えてこれまでベンチャーキャピタル活動で投資してきた企業が大企業に育ち、その株式の含み益が今後の新成長分野への進出の大きな原動力になってきた。他の通信大手にはみられない孫社長の先見の明のある成長戦略である。

通信事業が生み出す安定的なキャッシュフローだけには満足せず、足元のキャッシュフローよりも成長率の高い分野に関心を示すのは、これまでの成長過程で一貫して取ってきた戦略である。

この点はバフェットのように、安定した大規模のキャッシュフローを生み出すバーリントン・ノーザン買収のような拡大戦略とは一線を画す。リスクはあっても成長の大きい魚に照準を当ててきた。勝負に出たアリババのような投資の積み重ねが、ソフトバンクの成功の実績をつくり上げてきた。

失敗と気がつけば、なりふり構わず転換する。最近は後継者として指名していたグーグル出身のニケシュ・アローラを解任したのも好例である。

孫社長はバフェットにも会ったが、投資収益率が高いことを評価された。アーム・ホールディングスのような大物買収に積極的な行動を取ったのは、懸案のスプリント再建に明確なメドが立ったからでもある。また最近はサウジアラビアと共同でソフトバンク・ビジョン・ファンドを設立して10兆円を集める。バフェットのような存在になることを目指している。

これまでのお荷物が安定的なキャッシュフローを生み出し始めたという確信を持った。ソフトバンクはＩｏＴ（Internet of Things）時代、クラウド時代の新技術革新によって大きな成長を目指すチャンスの到来とみる。

第3章

投資戦略を左右する海外投資家の動向

資産運用としての株式

「株式投資は資産運用として本当に魅力があるのか」

この本を書くに当たって自分自身に問い直してみた。

回答はすぐに出た。運用のやり方さえ間違えなければ、株式投資はすべての人に、「お金儲けの手段になる最高の運用手段」という確信である。

歴史が生んだ史上最高の投資家ウォーレン・バフェットは、株式運用で財を成したあと、当初は純投資の目的で投資した企業を自分で経営したくなり、その数が自然と増え傘下に多数の企業を収め米国を代表するコングロマリットをつくり上げた。現在のグループ企業数は90社を超える。その原資は、元はといえば株式投資で儲けた資金であった。

1965年にバークシア・ハザウェイに社名を替えてから、会社をコングロマリットにする方向へ進めていった。バークシア・ハザウェイもスタートは投資対象として運用のなかにいれていた会社であった。他のコングロマリット経営との違いは、株式投資で運用するビジネスも大きな柱にしたことである。株式での資金運用というメガネをかけて、企業経営を行ってきた。二足のわらじを履くという希有な組織体をつくった。

株主から預かった資金を50年余で２万倍以上にした。この間にＳ＆Ｐ５００も２００倍になった。欲を出さなければ年金のために１００万円を用意し、Ｓ＆Ｐ５００を買っただけで50年後には２億円になった。このような経験的な実績が米国での株式投資にはあった。

バフェットのような神技的な運用はだれにでも真似のできるものではないが、Ｓ＆Ｐ５００の指数を買うだけでも、成果はバフェットには大きく見劣りするものの十分に満足できる場が米国にはあった。

日本でも運用の魔術を使うことができるのか

魔法のような話を現実化できる世界が株式運用であり、人並みにすぐれた才能をもたなくても、やり方さえ間違えなければ夢を追求できる世界がある。ここで取り上げたのは米国の話であって、日本でもこのような運用の魔術を使うことができるのか。

残念ながら過去のデータでは日本の株式市場では米国のようにはいかなかった。

ウォール街のように長期間の株価のトレンドをたどる指標がないので差し当たり日経平均株価でみてみた。現在の日経平均は１９６０年６月に１０００円でスタートした（以前から東証平均株価として存在していたが、東証が１９６０年に算出を中止。新しい東証株価指数＝ＴＯＰＩＸが登場した）。

１９６０年代の日本株は２０１４年までの中国のように高度成長を謳歌した時期で、経済成長率は２桁台を続けた。

１９７０年代〜１９８０年代の成長率は１桁台に鈍化したが成長の余韻が残り、１９８０年代後半には東京株式市場の時価総額がＮＹ取引所を追い抜くのでないかといわれた時期もあった。当時はＮＹ市場と東京市場が世界の時価総額の60％強を占めた。

１９６０年に１０００円でスタートした日経平均株価は１９８９年末には３万８９１５円と29年間で39倍近くまで上がった。

このように株式投資で大きく利益を上げることができたのは20世紀末までで、21世紀にはいってからは、株式投資で長期的に保有して大きな成果を上げる機会は途絶えた。

理由はこの間に日本経済にはさまざまなひずみが積み重なり、１９９０年にふくれ上がったバブルの崩壊が始まったからだ。結局、日本の株価が大底を入れ本格的な回復相場にはいったのは、２０１３年のアベノミクス相場が始まってからである。

２００８年〜２００９年とリーマンショックを経験したＮＹ株は２００９年春からバーナンキ前連銀議長の未曾有の量的緩和を背景に上昇トレンドにはいった。一方、２０１１

年の東日本大震災の被害もあって日本株は本格的な回復が大きく立ち遅れた。アベノミクスの景気対策とバーナンキ流の量的緩和で日本株は米国株の後を追いかけ世界的な株高の流れには乗り始めた。

経済、金融の面でグローバル化が進展し世界景気が同一の方向に進み始め、21世紀入りを分水嶺にして同一化した世界の株式相場はさまざまな面で新しい時代にはいった。

ＩＴ時代とグローバル化

１９９０年代に始まったインターネット革命は、ＮＹ市場に大きな地殻変動をもたらした。

オンライン・ブローカーの出現にみられるようにインターネットと株式取引は相性が良く、投資家がＰＣを通じて直接に取引所に注文を出し即座に売買が成立するという革命的な出来事が起こった。また取引所での売りと買いの気配が自分の机上のＰＣの画面に映し出されるというのは、20世紀には想像もできなかったことである。

証券取引所の会員だけに公開されていた売りと買いの注文状況が細かく瞬時に把握でき、最近は高速取引システムの導入で、瞬きよりも高速度で売買が成立するようになった。

ＰＣの画面で発注のボタンを押した瞬間に売買が成立し、次にキーボードを叩いて別の画面に入ると売買成立をチェックする瞬間より速く売買が成立している。

このスピード化は喜んでばかりいられない。先進国の証券取引所ではこのスピード化を利用した機関投資家、ヘッジファンド、プロのトレーダーがコンピュータによるシステムで価格形成を支配するようになり、相場の変動率が大きく高まり、小口の投資家の機会損失につながるケースが増加している。

伝統的なテクニカル分析による株価分析が威力を失うようになってきたのも取引のスピード化と価格形成の合理性の高まりからである。

これはＩＴ化がもたらした功罪の一つで、その影響力については従来の常識ではとうてい判断できなくなってきた。

マイナス面だけではない。ＩＴ革命によって個人投資家の売買がＰＣや携帯端末で簡単にできるようになり、売買コストが大幅に低下し、売買成立の時間が迅速化され利便性と透明性が高まった。

環境の変化が株価形成に大きな変化をもたらせている。いくつかの変化を追いかけてみよう。

外人投資家の影響度の拡大

現在の東京市場での外人投資家の売買代金は、60％を恒常的に超えるようになってきた。理由は日本株に魅力が出てきたというより、地球規模でみた欧米の投資家の運用資金量が増加し、その資産配分の結果がもたらしたものである。

１９７０年代に始まった外人投資家の日本株投資は、長い間、閉鎖されていた東京市場が外人投資家に門戸を開放したからだが、21世紀にはいってからの外人投資家の日本株投資は地球規模でみた欧米の投資家のポートフォリオの分散投資の拡大によるものであった。

したがって、かつてヘッジファンドのジョージ・ソロスやジュリアン・ロバートソン（タイガー・ファンド）が日本株に買い出動すれば、それが東京市場を動かすということがしばしばみられたが、そのような事例は過去のものになった。

外人投資家はそのときどきのマクロ景気の動向をみて世界の株式投資での資産配分を決めるが、その配分を頻繁に変更することはない。日本経済に米国でのリーマンショックのような事件がない限り、日本株への配分比率を大きく動かすことはないだろう。

海外の投資家がまず考えるのは世界経済の動向であり、それが投資戦略を左右する。そのなかでの最大の要因は米国株の動向である。

NY市場の影響力が高まる世界の株価

外人投資家の動向に影響を与える最大の要因は、NY株市場の動向であることは万人が認める。日本での個人投資家の売買代金比率は13%~15%のゾーンにある。

個人投資家の間でも、その日の対日投資の判断に影響するのは前日のNY株の動向であり、あとはNY株に比べると影響力は小さいがヨーロッパ株の動きも無視することはできない。

米国投資家のなかには資産運用の面でヨーロッパ株投資にかかわりをもつ人たちが多いからだ。日本人の感覚ではちょっと理解し難いが、米国株を分析していてその影響度はわれわれの常識で考える以上であるという実感を私はもっている。

米国にとっていちばん近い隣人である。

前日のNY株の動向を理解するのに私が毎日、実行している情報入手法を紹介しておこう。

インターネットでまず最初にひらくのは、ウォールストリート・ジャーナル紙の姉妹紙バロンズ誌が運営しているサイトのMarketWatchである。グーグルの検索欄にこの文字を入力すれば簡単に開くことができる。

問題なのは英語力が必要であることだが、馴れると数字を追いかけるだけでも、その日のウォール街の模様が的確に入手できる。そこでは日常、日本のメディアで入手できる日本株や東京市場に関しての情報量の１００倍以上の米国をはじめ世界各国のデータや市場・企業分析、投資戦略の情報が得られる。

いかにウォール街での投資家が、恵まれた環境のなかで投資をしているかがよくわかる。

個々の銘柄についての情報はYahooFinanceのサイトの利用をおすすめする。このサイトへのアクセスもMarketWatchと同じような手順で簡単にできるが、特に魅力があるのは個々の銘柄の情報が直近のものだけでなく、過去のデータの提供も豊富であることだ。

会社四季報や会社情報で提供される日本株のデータとは比べものにならない分量であり、利用の仕方を会得すれば十分過ぎるデータと情報が入手できる。また、その日の主なメディアに掲載された情報だけでなく、過去に遡って得られるのはまさに、「痒いところに手がとどく」思いであり、ありがたい。

各企業が行う決算発表のプレゼンテーションの模様が詳細に読め、アナリストとの質疑応答まで掲載されている。繰り返しになるが、米国の投資家がいかに恵まれた環境のなかで投資分析を行っているかがわかる。うらやましい。

CNNMoney の投資情報も毎日、必読している。このサイトも関連情報に広がりがある。Bloomberg.com/market も必読のサイトである。その情報サービスは世界の機関投資家がもっとも利用しているが、ここでおすすめするサイトは無料である。金融・証券分野だけでなく、政治、経済、社会と幅広く情報が入手できる。ここで紹介したサイトはほんの一例で、一応これぐらいで打ち切っておく。

この種のサイトを利用していると、1日24時間の時間がたちまち過ぎていくので、惜しい思いをいつも抱かされる。

このような情報の洪水とでもいえるなかで、NY市場での株価形成が行われる。日本に比べると合理性の高い株価形成であることがわかる。ここで書いた情報はPCでだけでなくタブレットPCやスマートフォンでも入手ができる。

高速売買回転取引と株価の撹乱

ＮＹ市場では長い間、取引所内での株価の売買成立にはスペシャリストという場内でのマーケットメーカーが大きな役割を担ってきた。

つまり取引所内の仲買人である。売買を成立させる場合には、市場に出た「売り」をスペシャリストがいったん、買取り、それを「買い」注文と付合わせ売買が成立する。その売買の価格差がスペシャリストの利益であり収入になる。

この機能がコンピュータで処理されるようになったのは、情報処理技術の進歩である。その機能のなかに、証券会社のコンピュータが介在して時間差を利用した、値ざや稼ぎが行われる時代にはいった。いわゆる高速売買回転取引（High Frequency Trading）で、通称ＨＦＴといわれる機能の出現である。

市場でのわずかな値ざやで短期売買を行うトレーダーは、コンピュータに売買システムを設定して自己売買の注文を出す。このような売買が普及して株価形成が行われるが、入力を間違うと自動的なコンピュータの影響で相場の撹乱要因になる。昨今、時として起こる株価の異常な変動である。

このような売買システムで執行される取引では本来は異常な株価形成は行われないはずだが、いったん間違いが起こると相場の株価の大きな撹乱要因になるだけに注意しければなない。

投資の新兵器ＥＴＦが誕生

ＩＴ革命がスタートした頃の１９９０年に、カナダのトロント証券取引所で世界初のＥＴＦ（上場投資信託）が誕生した。

当時はあまり画期的な新商品とみられなかったが、いまや20世紀が生んだ巨大な新商品に大きく育ち、今後の成長分野として市場規模は着実に拡大している。機関投資家やヘッジファンドの間での人気商品として、市場に定着を続ける。

ヘッジファンドのジョージ・ソロスも最近は頻繁に株価指数のＥＴＦ売買を駆使している。２０１６年６月の英国民投票でＥＵ離脱が決まったとき、Ｓ＆Ｐ５００のＥＴＦの先物を大量に売買した。

カナダで生まれたＥＴＦの第一号はトロント35指数・iＳ（Toronto35 Index）という株価指数であった。遅れて１９９３年1月にＳ＆Ｐ５００の株価指数に連動するＥＴＦがアメリカン証券取引所（ニューヨーク証券取引所に次いで2番目に大きい証券取引所）で誕生した。

その後、1990年代後半の強気相場を背景にして、2000年12月にはニューヨーク証券取引所でもiShares S&P Global100が誕生し、取引所外でも盛んに取り引きされた。

2000年代にはいると強気相場を背景にETFの上場銘柄数も急増し、いまなお新商品が続々と誕生している。2016年3月現在では米国で1847本もあり、東京市場での196本に比べて格段に大きな差が出てきている。

特にヘッジファンドや機関投資家が相場の先行きに強気の確信をもったような場合には、まずETFの株価指数を買い付ける。

たとえば日本株の場合は、最近の市場で最も人気のあるETFは日経平均レバレッジ・インデックス連動型上場投信（1570）である。最近は東証の売買代金額では連日にわたって第一位を記録している。

日経平均に連動して2倍のスピードで上下に変動する。レバレッジ（テコの原理）を効かせるよう組成されている。いちばん手っ取り早い相場に賭ける投資だが、信用取引を利用して売買すれば指数の6倍の変動率が利用できる。

日経平均が0.5％変動すれば指数はその2倍の1％の動きという投機性の高い投資である。レバレッジを避けたい場合は日経225連動型上場投信（1321）がある。

便利であり効率性の高いETF

ウォーレン・バフェットが自分の遺産を家族に贈与する場合は、大半をS&P500に連動して動く投資信託で運用するようにという遺言を書いたと公表している。

個々の銘柄の選択能力が家族にはないと判断したからだが、株価指数は長期的には必ず上がると確信している。

米国にはこの種の上場投信が多いが、バンガード投資顧問会社の運用する上場投信を選ぶことをおすすめする。バンガード投資顧問は1975年に生まれた会社だ。投資信託の分野では、常に〝革新〟を求め投資家の立場に立って既存の大手投信に先駆けて新しい商品の開発に力を入れ成長してきた。そのような企業文化から生まれたのが1976年に開発したS&P500に連動して動くETF（上場投信）である。

私が証券業界にはいった1950年代末の日本の証券市場は個人投資家が相場の世界を支配し「ピープル・キャピタリズム」という言葉が生まれるほど、個人の市場での活躍が目立った。証券会社の店頭には「日経平均」という株を買いたい個人投資家が現れたと新聞が報道するほど、話題になった。

個々の銘柄を選択するのは個人には無理なので、指数の株で運用したいというのは、個人投資家の願いであった。日本ではＥＴＦの登場は米国に比べ大きく立ち遅れたが、「機を見るに敏」であるウォール街で登場したのは当然であった。この動きを察してバンガードがＳ＆Ｐ５００の投信を考案した。

バフェットのお好みの商品で、知識の未熟な個人投資家の株式投資入門にはＳ＆Ｐ５００のＥＴＦをすすめる。いまやこの種の商品の数は多いが、バフェットはわざわざ「バンガードの運用するＳ＆Ｐ５００のＥＴＦ」と指定する。運用コストが競争相手に比べて安いからである。

バンガードはその革新性が市場に受け入れられ成長し、いまや世界中で働く従業員１万４０００人の大手投信運用会社になった。個人顧客は２０００万人を超える。米国では個人で年金を運用するケースも多く、その場合にはバンガード投信が組成したＥＴＦを選択するケースが多い。現在の運用資産残は3兆ドルを超え、東京証券取引所の市場の時価総額５３７兆円の60％の運用資産を持つ。現在は電話での応対の従業員は４０００名を超える。

ウォール街の投資家の行動力のスピードの速いことに感心させられたのは、２０１４年から米国でサイバー攻撃が激化し、２０１６年には米国政府が対策に急遽2兆円近い対策費を予算に計上したことだ。

ウォール街ではサイバー攻撃を防衛する関連株に人気が集まった。いち早く関連企業のＥＴＦ投信（HACK/ISE Cyber SecurityETF）が組成された。機関投資家やヘッジファンドは個々の銘柄に投資する前に、このＥＴＦへの投資を始め、あとでゆっくり個々の銘柄の選択作業にはいったわけだ。

このようにＥＴＦはさまざまな視点で投資手法に利用される存在になってきた。便利であり効率性の高い商品である。

第4章

15年間、市場平均を打ち負かしたミラーの奇跡

黒田総裁の判断に対する直感の読み違い

２０１５年12月16日に米連銀はゼロ金利政策から離脱してＦＦ（フェデラルファンドレート）を０・25％～０・５％に引き上げた。実に9年半ぶりであり、「雇用・物価」の先行きに確信をもった結果の政策転換であった。

２００８年のリーマンショック以来、さまざまな問題が金融市場で発生したが、米国に関しては一種の「問題解決宣言」でもあった。しかし皮肉なことに米連銀イエレン議長が動いたあとに、世界の株価は下落を始め、日本株もそれまでの下落トレンドに加速がかかり暴落の日が続いた。

年明けの２０１６年1月29日に日銀の黒田総裁はイエレン議長とは全く正反対の行動をして、マイナス金利政策を採用した。日銀と取引のある国内の銀行が準備預金として預けている金利に０・１％のマイナス金利を課すことを決めた。

銀行に預けたら金利を取られるという、日本人には理解しがたい政策である。銀行は日銀に預けるよりも顧客への貸し出しを増やし利ザヤ稼ぎに力を入れるようにという誘導である。

黒田総裁の英断は下落を続ける日本株には大きなプラスになるという直感をもったが、上がったのは2日間だけであとは暴落を続けた。

この動きを見て直感的に「株は上がる」とみた私の判断は間違った。資産運用をする立場にある私は評論家的な解釈で済ますわけにはいかない。

3大投資家の1人、ビル・ミラーの言葉

日銀がマイナス金利政策を発動して景気テコ入れに集中するというのに、「なぜ株価は下がるのか」という問題に回答を出さなければならない。

まず考えたのは、相場がわれわれの常識外の悪材料を先読みし始めたということであった。

イエレン議長がゼロ金利政策転換に踏み切ったのは、時期が尚早で米国経済は米連銀が判断するような堅実な成長路線にはいっていないとNY株が反応し、それが東京市場にも波及した。

2015年にはいってから、いつも相場の懸念材料であった原油と中国経済の減速が一般に考えられている以上に深刻なのでないかという疑問点が頭に浮かんだ。

このとき、20世紀が生んだ3大投資家の1人といわれるビル・ミラー（投資銀行レッグメイソン／オポチュニティ・ファンドを運用）が米CNBCテレビに出演して次のように語っているのが目についた。

「相場は先行きになにか未知の材料を読んで動くというが、現実の相場はあなた方や私のような投資家が売買して形成する」

相場には未知の出来事の予知能力など存在しておらず、「経済現象と市場の反応の間には関係はない」とビル・ミラーは明快に主張した。

彼が言いたいのは、株価には本来の真の投資価値が存在しているということである。

この言葉が身に沁み、株式での資産運用上では株価の価値は別次元のところに存在している、という当たり前のことを教えられた。

理論を超えた運用実績をもつ異色の存在

ビル・ミラーはウォーレン・バフェット、ピーター・リンチと並ぶ20世紀が生んだ偉大な3大投資家と称せられる。

この3人のうちで私が最もひきつけられる投資家である。彼が異色なのは全天候型の運用投資を行うことだ。

ビル・ミラーは米大手投資銀行（レッグメイソン）でバリュー・トラストという大型ファンドを長年にわたり運用し、１９９１年~２００５年の15年間にわたりＳ＆Ｐ５００を上回る実績を上げた。

有名なユージン・ファーマ教授（シカゴ大学）は「相場は利用可能なすべての情報を反映するので、長期にわたって継続的に市場平均を打ち負かすのは不可能」という効率的市場仮説を唱え、その理論が運用の世界では常識として受け入れられてきた。

しかし、その仮説を自ら実践で覆したのがビル・ミラーであった。

彼は自分の経験をもとに開発した投資手法で銘柄を選び、その成果の分布を検討し、適切な銘柄選択の手法を明確にした。そして本質価値と比べて割安な企業に投資する。資本の大小や、運用先の国内外などは問題にしない。

「特定の投資スタイルにとらわれない運用を目指す」ので、売買の回転率が高く年間の運用経費率が１・67％と高い（他のアクティブファンドの平均経費率は１・47％）。

２０１６年２月に米ＣＮＢＣテレビに出演したとき、「アマゾンの株価が18％下落したので２０１６年の初頭１ヵ月の運用は20％のマイナスになった」とパフォーマンスの大幅な悪化を公表し、「株価の安いことは将来の高い成果を約束するもの」と語った。

「S&P500の平均配当利回りは2・3％、企業は配当を9％も増やした。こんなとき、なぜ1・9％の金利の10年国債を選択するのか理解できない」と「株価の安くなったときは、絶好のチャンスだ」と語った。その後、アマゾンは7ヵ月で80％以上も大きく反騰した。

ミラーが注目した「ジカ熱」関連銘柄

ハイテク経済では、グレアム&ドッドの教えがそのまま効率的運用には当てはまらないと主張する。

「バリュー投資家は結局、有形固定資産をもつ事業の株を買うことになります。具体的には製造業や資源産業です。そのような企業が経済や市場に占める割合はどんどん小さくなっている。そのやり方に固執しているとチャンスを逃すことになる」

と主張し、グレアム&ドッドの手法は、本来は静態的な性格をもっており、技術革新が生み出すダイナミックな経済にはうまく適合しないとみる。

ごく最近CNBCテレビに出演したときに取り上げた銘柄は、これまで聞いたことのないイントレキシオン（XON）であった。

イントレキシオン（XON）

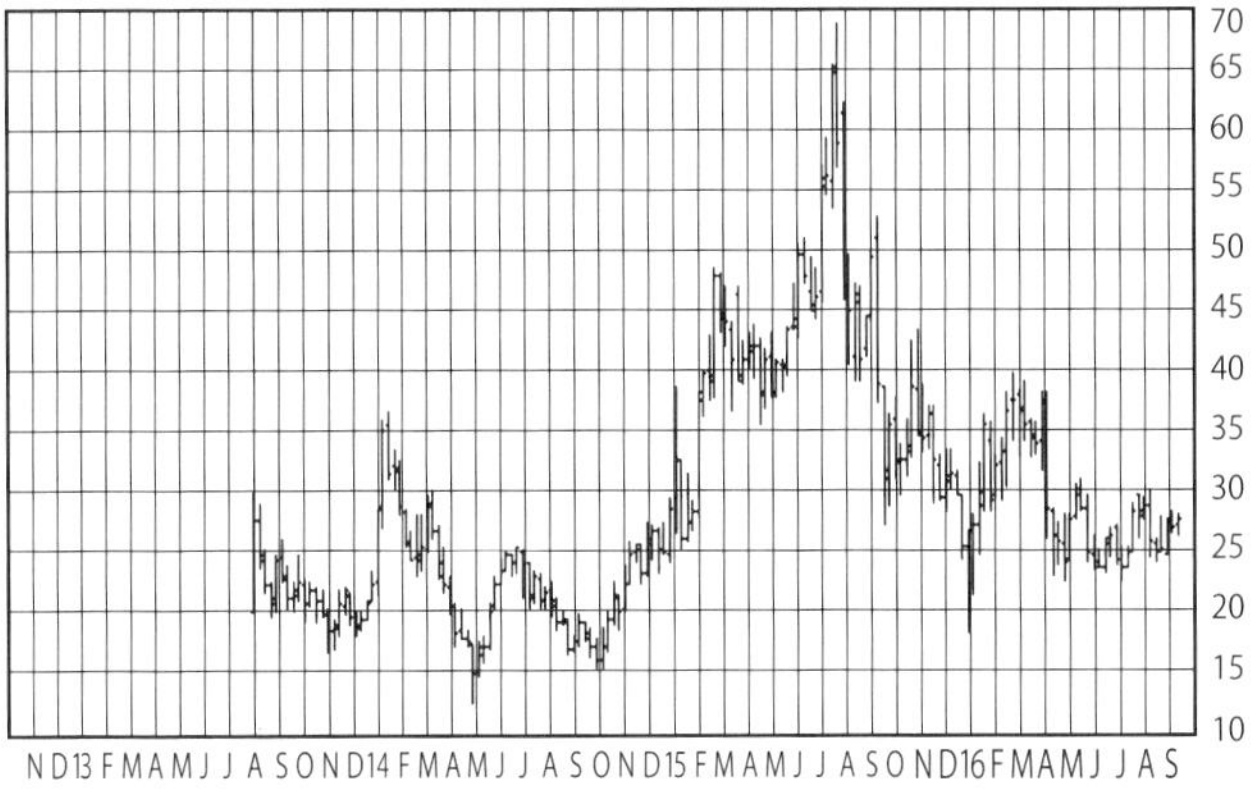

「ひょっとしたら向こう10年間に最高のパフォーマンスを上げるかもしれない」と語っている。

この銘柄は２０１３年に公開してまだ時間の経たない歴史の浅い株だが、自ら運用するファンドの組み入れトップ10にいれたことからして彼の自信のほどがわかる。

ビル・ミラーが注目したのは「ジカ熱」関連銘柄で、それがきっかけになって「ジカ熱」問題がメディア上では盛んに取り上げられるようになった。発病の震源地はブラジルだが中国、オーストラリアでも、その後に感染者が発見された。

日本経済新聞にも、「ジカ熱対策２１００億円」（２０１６年２月９日夕刊）という次の記事が掲載された。

「蚊の媒体による感染症『ジカ熱』が中南米などで拡大しているのを受け、オバマ米政権が8日、18億ドル（1980億円）以上の緊急対策予算を議会に求めると発表した。ジカ熱は妊婦が感染すると胎児に影響が出る。

米国でも渡航先で感染した患者が出た。（中略）ジカ熱は軽い発熱などで症状は重くはないが、妊婦が感染すると新生児の脳の発育が不十分になる『小頭症』との関連が疑われている。1日には世界保健機関（WHO）が緊急事態宣言をした」

バイオ関連で向こう10年間最も期待できる銘柄

日本では2016年2月上旬に厚生労働省がジカ熱を感染症法の「4種感染症」に指定し、検疫体制の強化を始めた。中国での「ジカ熱」の患者の確認は同国では初めてのことで、ベネズエラ、香港、中国深圳を経由して帰国した中国人であった。

このような騒ぎがでる前からビル・ミラー（レッグメイソン投資銀行）は、関連株として代表的な開発企業イントレキシオン（XON）に注目していた。

2013年にIPO（新規公開）したが「ジカ熱」に加えて、彼はバイオテクノロジーのなかから、先行き大きな期待がもてる分野としてシンセティック・バイオロジー（合成生物学）の成長性に注目し、この分野で最先端をいく銘柄としてイントレキシオンを取り上げた。生体分子を「人工的につくり出す」という、われわれには理解が難しい新技術である。

ビル・ミラーは、「バイオ関連では、向こう10年間では最も成長が期待できる銘柄」と位置付けている。これまでの投資歴をみても新技術には大きな関心をもち、数々の有望株を掘り出してきた。イントレキシオンを運用銘柄ビッグ10にする大胆な投資である。

２００２年にグーグル（Google）が公開したときも、公開前６ヵ月間、社内外からIT技術の専門家、証券会社の引き受け担当者などでグーグルの研究チームをつくり将来性を綿密に分析、公開当日に大量投資して大成功した話は有名である。

ミラーの活躍は向こう10年間続くだろう

話は戻るがフォーブス誌はジカ熱関連について次のように書いている。

年初来ではダウ平均は９％、ナスダックは15％下落したが、イントレキシオン（XON）、セラウス（CERS）、イノビオ・ファーマシューティカルズ（INO）の人気に気がついている投資家は少ない。3社に共通しているのはブラジル起源の「ジカ熱」関連で、蚊が運ぶウィルスで感染する。新生児の成長に影響を与える恐ろしい病気である。ここにあげた3社がその治療薬の開発を行っている。全く新しい病気ではないが、これまで治療薬が存在していなかった。2014年にエボラ熱が流行し、関連株が上昇したが、同じような現象が起こるだろう。

先端をいくのがイントレキシオンで、英国の関連企業を傘下に収め、「ジカ熱」のウィルスをつくり出し、それを感染者に注射する治療法を開発した。このような生体分子を「人工的につくり出す」テクノロジーの研究が進んでおり「シンセティック・バイオロジー」といわれている。ポストゲノム研究の時代にはいった。

ビル・ミラーはイントレキシオンを「ジカ熱」だけで注目したのでなく、シンセティック・バイオロジー（合成生物学）に大きな関心を示し、その具体的な例として取り上げた。この分野は1978年のノーベル生理学・医学賞の対象になった技術で、その後、花を咲かせてきた。

この本を執筆している現在ではシンセティック・バイオロジーはまだ東京市場では話題になっていない。だが、ビル・ミラーはいち早く注目株の発掘に、それを利用した。先端的なアイディアを大胆に実行する。

彼はインターネット関連の代表アマゾン・コム（AMZN）をいち早く見つけだし、長期的に必ず成長する銘柄と確信をもち、大量投資を続けてきたことは先に紹介した。21世紀にはいって16年を過ぎたいまもまた、かつてIT革命に熱意を燃やしたときと同じようにバイオ関連の向こう10年の成長に熱意を燃やし始めた。

ウォーレン・バフェットよりも20歳年下だけに、向こう10年間は彼の活躍が続くだろう。

ミラーの銘柄選択の基本と戦略

ウォーレン・バフェットのようにハイテク株には一切、手を出さないという厳しいルールはもたず、あらゆる分野を投資対象にし、多くの分野を分析することから投資のインスピレーションやアイディアをくみ取る。同時にノーベル賞学者の「直観」と「論理」を重視するダニエル・カーネマン（プリストン大名誉教授）の理論を実践に駆使する。

行動経済学という理論分野で、カーネマンを社内の勉強会に招いて運用チームの学際的な思考の育成を図ったりもしてきた。

バフェットと異なり特定の産業界を投資の対象から除外するようなことはしない。独自の分析テクニックに縛られることはなく、まず割安な銘柄を見つけるためならあらゆる手法をとる。

ここで取り上げたシンセティック・バイオロジーのような、早くから注目されながら、長い間、実践面では花が開かなかった分野を果敢に取り入れていく知的な好奇心も強い。それには彼の時間を惜しまない読書力によるところが大きく、専門分野の経済だけでなく、古典文学にまで関心を払う好奇心には感心させられた。

彼がＩＰＯ銘柄の将来性の分析の難しさを例えるのにイギリスの古典劇作家のシェイクスピアの作品『マクベス』から次のようなことばを引用しているのをみて、その博学には感心したことがある。

「もしもお前ら、時が何を身ごもっているかが見通せて、どの種は芽を吹きどれかは実らんと分かるものなら教えてくれ。おれは喜びも恐れもせん男だ。予言が良かろうと悪かろうと」（『マクベス』（岩波文庫）木下順二訳）

哲学博士を取得するため大学の専門課程でも学んでいる。

競争力ある企業を重視

彼は1999年のITバブル時に、アマゾン・コムに引きつけられ投資を始めた。アマゾン・コムの手元流動性が底を突き破たんするのは時間の問題といわれたこともあったが、ここ10数年間、アマゾン・コムの投資で成果を上げてきた。ハイテク投資で長期間というのは一般にはめずらしい運用だが、力をいれている銘柄に関しては売買回転率は低い。

この点はバリュー投資家のバフェットと通じるものがあり、伸びている企業には深くのめり込み、投資しても負け組になると潔く損切りする。撤退する銘柄は一度に全部というケースは少なく、少しずつ減らしていくという手法をとる。

ただビジネスの将来性が高くても、自分の設定した価値を著しく超えた銘柄は売る。

相場は分析するが、先行きの予想はしない

相場は多くの個人や機関投資家が形成するが、だれよりもよい成績を上げるために予測には熾烈な競争が行われる。このために急騰、急落という予測不可能な動きがでる。

相場の変動はだれにもわからない。バブルやその崩壊の原因と結果は単純につながっているものでなく、予測の不可能な大規模な暴落が起こるのも必至で、的確に把握すること

はできない。

ただ過去に起こった相場の変動を分析することは必要で、なぜ損害が大きくなったかの分析には力をいれる。その損失をだした理由の追及は徹底して行う。

投資についての基本的な考え方はバフェットに通じるもので、バフェットが、「明日、1ヵ月、1年後の相場はわからない。ただ3年先、5年先に投資した株がどうなるかの判断はできる」というのと同じである。

ビジネスモデルの優劣分析を行う

コーポレート・ガバナンスのすぐれた企業や投資収益率の高い企業を追求する。

最近は東京市場でも、コーポレート・ガバナンスについて経営者の関心が高まっている。先を競って実行する経営者もでてきた。

ウォール街では1990年代から経営者がこの点への関心を高め、バフェットは銘柄選択する視点として重要視する。

日本でも経営者の関心が高まってきたのは、安定成長時代にはいって、株主の方に目を向ける余裕がでてきたからでもある。

ビル・ミラーは事業素質の分析に力をいれるが、この点の優劣をつけるのは一般の投資家には難しく簡単に口にはできるが、事業素質の判定は困難である。

私はここ20年間、経営者の口から直接に経営方針を聞くため小まめに決算説明会に顔をだしているが、経営者の資質が投資価値を決めるのに重要である実感を体験してきた。

日本では真に個性的で偉大な経営者に引きつけられるケースは残念ながら少ない。平均的には創業者経営者や、企業の構造改革をすすめる経営陣には魅力を感じるし、株価の上昇トレンドの継続性には絶対に必要条件である。

心理的な要因によって左右される考え方の間違い

ビル・ミラーのいう投資家の自信過剰は投資した銘柄の投資タイミングがたまたまうまくいき、順調なすべりだしに乗って成果がでて、株価が上がるにしたがって強気になり、売りのタイミングを結果として失い、せっかくの利益を吐き出してしまうことである。

心理的な要因で注意すべきは株価が好材料に過剰反応したときに超強気になり、一時的な悪材料で投資に臆病になってしまうことである。また損失を忌避するために売り場を失い大きな損失に陥ることも要注意で、失敗とみたら退却する勇気をもつことである。

いまひとつは集団心理に左右され、理性を失った投資行動を戒める。

このような過ちをしないための市場心理をみる格好の指標は、ウォール街で利用されているＶＩＸ（恐怖）指数とCNNMoneyの「Fear&Greed」（恐怖&貪欲）である。

ＶＩＸ指数は東京市場でも一般化し、指数を売買するＥＴＦ（上場投信）もある。市場に不安心理が高まると上昇する。

相場の下落ピッチが高くなるとＶＩＸ指数は急騰するので、低位で安定しているときにはヘッジの意味で買い付けるのをヘッジファンドの運用者は利用している。

不安人気が高じて恐怖心理が高まると株価は下がりＶＩＸ指数は高騰するので、指数を売却して値下がり分を埋めることを専門家は実行している。

CNNMoneyの「Fear&Greed」は指数としては売買されていないが、市場が強気（貪欲）になれば上限の１００ポイントに接近し、このようなときには投資を見送ることである。

一方、恐怖人気が市場に蔓延してくると指数は下落してゼロに接近する。

指数の計算には株式と債券の20日移動平均、売買高を加味した騰落指数、新高値・安値の移動平均、プット／コール比率、ＶＩＸ（50日移動平均）、国債とジャンク債の比較、株価１２５日移動平均と七つの指標をベースに算出されている（詳細はインターネットの

VIX（恐怖）指数

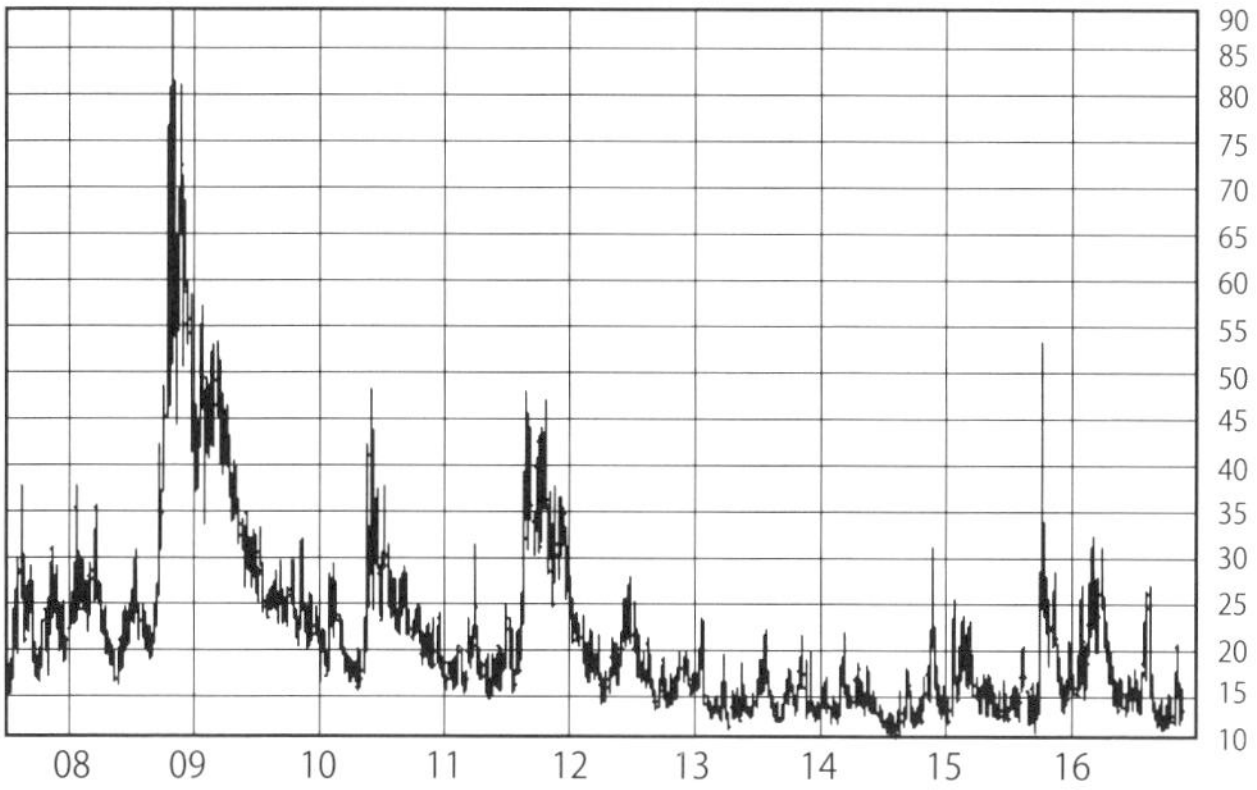

サイトCNNMoneyのMarkets欄を参照）。

ビル・ミラーの投資戦略は NYの投資家会合でも大人気

２０１６年秋にニューヨークで恒例の「Delivering Alpha Conference」が開催された。米国の機関投資家、ヘッジファンド、政府関係者などが講演する。ビル・ミラーのほかヘッジファンドのカール・アイカーン、レイ・ダリオ（最大の運用資産会社を運営）、ジャック・ルー（米財務長官）など豪華なメンバーであったが、トップ・バッターにビル・ミラー（投資銀行レッグメイソン）が立った。

彼は滅多にこの種の催しには顔を出さないので、そのときの講演内容を紹介しておこう。

ヘッジファンドの大物をさて置いてメディアも彼の講演を詳しく伝えた。
ビル・ミラーの具体的な戦略は以下の通りである。

S&P500をロング、10年国債をショート

米国債はS&P500と比較して割高である。すでに金利水準は底値を打った。連銀が追加の利上げをするのは時間の問題である。30年前の1987年9月までさかのぼると10年国債のPERは11倍、S&P500のPERは15・6倍であった（同年の株価大暴落の直前）。

2016年9月の国債のPERは63・8倍、S&P500は18・5倍である。この収益率をみても株価が国債に比べていかに安いかがわかるはずだ。

先行き連銀が利上げをすれば国債の価格は下落する。株式の投資価値は配当利回りと株価の値上がり益を合わせて判断するが、債券は利息だけである。ビル・ミラーは国債と株式の投資価値について、次の数字を明示した。

株式と同じように国債のPER（国債の時価÷利息）を計算し株式と比較するビル・ミラーの基準はユニークであり、説得力がある。債券の評価に株式評価のPERを使うのは

ビル・ミラーの注目点

	1987年9月	2016年9月
10年国債	11倍	63.8倍
S&P500	15.6倍	18.5倍
6ヵ月財務証券	15.1倍	222.1倍

ユニークである。

彼は金利についても次のように語った。米国の金利は底入れし今後は正常化に向かう。ヨーロッパと日本がマイナス金利政策を取ったが、これ以上の金利の引き下げには反対した。

クレディ・スイス株に注力

米連銀は2016年12月に追加利上げを行う。金融セクターの株式には好材料である。彼はJPモルガン（JPM）、シティグループ（C）、クレディ・スイス（CS）、バンク・オブ・アメリカ（BAC）は資産内容も健全で、これまでよりも力がついてきた。金利上昇が収益率を高め、利益が上昇するとみる。

米連銀が100ベーシスポイント（1％）金利を上げると、金融株の税引き前利益は40億ドル～50億ドル

（4400億円～5500億円）の増益要因になる。現在JPモルガンの配当利回りは3％だが、配当性向は先行き上昇し、配当の増配も市場平均を上回るだろう。

執筆時点で、クレディ・スイスの株価は純資産の60％の水準である。同行の大口資産運用部門は強力であり、株価を評価する場合の材料になる。時価が純資産を大きく下回っているのは大きな魅力であり、株価は年初来40％強も下落している。

医薬品株バリアント・ファーマシューティカルズに強気

講演会でバリアント・ファーマシューティカルズ（VRX）を取り上げた。新しく舵取りを任された経営陣が全く異なる成長企業にすると期待。長期的には株価は大きな成果を上げるとみる。

2015年8月に主力製品2品目の価格を212％と525％引き上げたのが問題にされ、空売り専門ヘッジファンドのシトロン・リサーチが会計処理に疑惑があるという理由で売り叩き、株価がここ1年間に大幅に下落した。

2015年7月1日に257・55ドルであったのが、2016年11月には17・95ドルになった。この間、90％以上の暴落でS&P500の＋6・5％に比べても惨憺たる動きで

クレディ・スイス(CS)

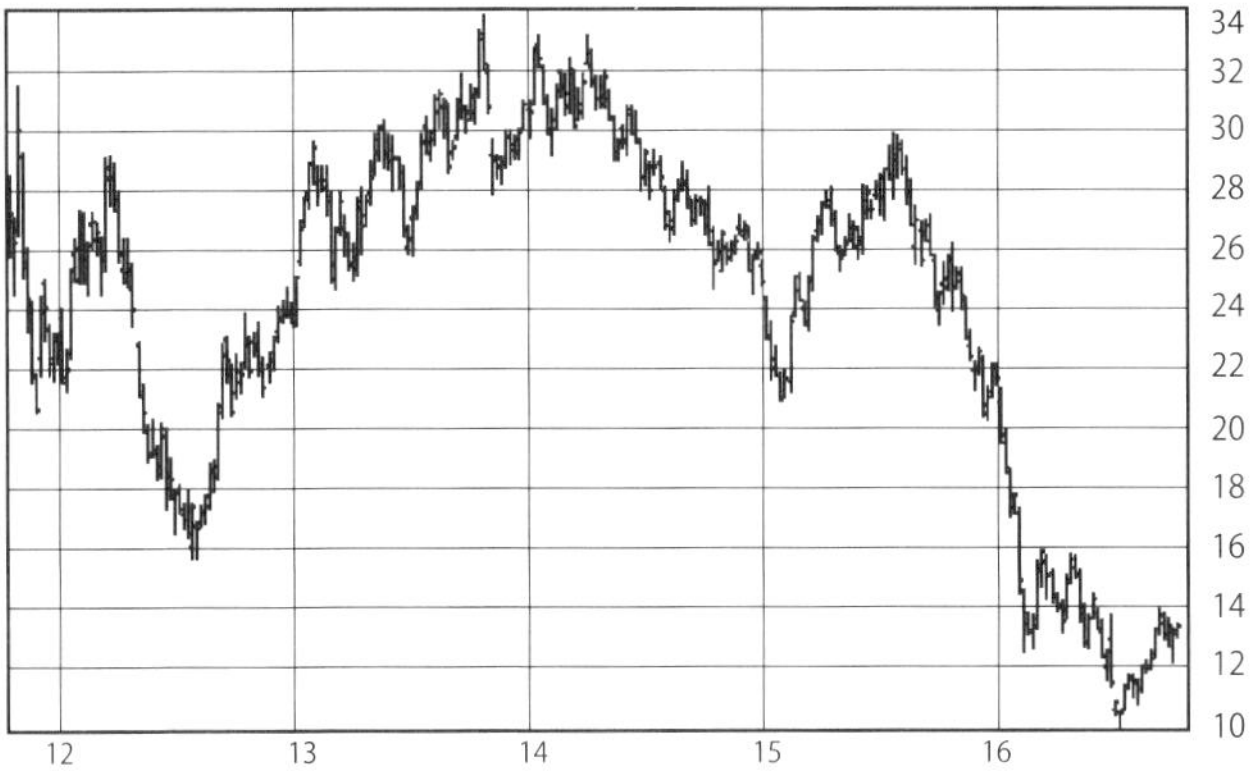

あった。ヘッジファンドのビル・アックマン（ペーシング・スクエア）が強気で大株主になり注力を続ける話題の株だ。

ビル・ミラーは主力製品の販売は好調だし、現在の開発中の製品にも有望な候補が揃っていると語る。先行きの不透明感で売られた。新任CEOのジョセフ・パパは負債を減らすために一部の資産を売却する方針。ビル・アックマンは企業の現状について綿密な情報を把握しており、新経営陣は不振を立て直し企業の再構築をするとみる。

私が注目したいのは天下のビル・ミラーが目下、ウォール街で大きな話題を集める医薬品バリアント・ファーマシューティカルズをあえて取り上げたことである。昨年は一種のスキャンダル扱いになった銘柄である。株価が暴落しヘッジファンドのアックマンは大打撃を受けた。〝火中の栗拾い〟の類とみる向きもあるが、株の投資価値と時価の開きの大きさに注目した。

ここ1年間には高値119・87ドルから13・77ドルまで暴落した。最近は18ドル台まで戻したが先行きには不透明感は漂う。そのような銘柄にビル・ミラーが強気見通しを出すのは、日本の常識では考えられないことでる。ビル・ミラーの行動はよほど自信がなければできないことである。

中堅ヘッジファンドのビル・アックマンとは関係がないのに、「空売り屋」から目をつけられ攻撃を受ける後進のファンドマネジャーを間接的に声援する気持ちもあるのかもしれない。ビル・ミラーはヘルスケア業界には通じている。義侠心だけで動いているのでなく、推奨する以上は自分のファンドでも投資を始めたと思う。多少の批判もいとわずに挑戦するという勇気にはひきつけられる。「これがウォール街の投資の世界である」ことをカンファレンスでビル・ミラーは誇示した。改めてウォール街のすごさを認識させられた。

ビル・ミラーは医薬品、バイオに造詣が深く医薬品株の分析には自信をもっている。

新しい道に進む

ビル・ミラーが本書を執筆中に突如、レッグメイソンを辞して独立するニュースがNYタイムズやブルームバーグを通じて流れた。

1991年から2005年までの15年間にわたり毎年、S&P500を上回る運用成果をあげたが、2006年からはその快進撃は途絶えた。そして2008年の金融危機の年には彼の成績は▲55%と大きく下落した。（ウォーレン・バフェットの同年の成績は▲9・6%）。

これまで好成績を上げてきたバリュー・トラストの運用資産はピークの210億ドル（2兆3100億円）から28億ドル（3080億円）まで急減した。投資家はミラーの成果に落胆した。

レッグメイソンの旗艦ファンドの運用から手を引き、中型ファンドのオポチュニティ・トラストの運用者に鞍替えした。この中型ファンドの成績は盛り返し、業界でのランキングが2012年はNo1、2013年にはNo2になった。彼の投資戦略の有効性は盛り返してきた。

会社との関係がかつてのように良好でなくなったのか、２０１６年夏にはレッグメイソンを辞して、レッグメイソンの投資信託会社ＬＭＭを全額自分で買い取り、ファンド経営に乗り出す決断をした。

ここ10数年で投資信託業界は大きな転換期を迎えている。ＥＴＦ（上場投資信託）の出現で、既存の株式投信からの資金の移動が始まった。このような時代の変化のなかでビル・ミラーは、どのような商品を生み出し、育てていくのか。期待しながら先行きの展開を注視していきたい。

第5章

株式投資で大事なことはウォール街で学んだ

1971年の株価大暴落

1971年は世界の株式市場にとっては歴史に残る年になった。この年の8月にニクソンショックが起こった。

それまではドルが世界の基軸通貨で、いつでもドルは金1オンス＝35ドルの割合で兌換できることを米国は約束してきた。米ドルが世界の基軸通貨としてIMFを支えてきた。ところが1971年8月15日に突然、この約束を事前の通告もなく中止した。いまなら考えられないことだが、米国の力が軍事力、経済、金融面では世界を牛耳ってきたから実現した。

NY株が暴落し、東京市場でも売り物が殺到し、しばらく大半の株の売買が成立しなかった。

ウォール街のすごさ

私がウォール街に初めて足を踏み入れたのはこの前年の11月であった。日本の証券会社が国際化を推進し、外人投資家の日本株投資を取りいれるため一斉に国際業務に乗り出した。そして、国際業務を始めるための研修として、社員を欧米に送り始めた。

米国には証券外務員の資格をとるための検定試験を受ける予備校があった。ＮＹインスティテュート・オブ・ファイナンスで、当時の米国は１９６０年代のゴールデン・シクティーズ（黄金の60年代の株式ブーム）の反動とベトナム戦争への深入りで苦難の時代にあった。

こんな時期に入学した予備校は１日７時間の学習であった。また、株式の不振で研修生の数は通常の40人～50人がわずか11人と急減していた。

学習内容は証券取引法のほか、経済・金融、証券分析、テクニカル分析、外務員としての実習、ＮＹ連銀の地下金庫に備蓄されている金塊の見学などいたれりつくせりのコースで、アメリカを理解するさまざまなチャンスを与えられた。米国のこの種の学校のカリキュラムには感心させられた。全生徒11人のうち外人は私を含めて３人であった。

外人にはスイスからきたマーク・ファーバーがいて、彼の社交的な性格のおかげで友人になるのに時間がかからなかった。彼は１９８７年の米株価のクラッシュをずばり当て、その後、「日本の株価も８０００円まで下がる」と予想した（『相場の波で儲ける法』東洋経済新報社。筆者が監訳した）。

当時のテクニカル分析の講師には、後に米国テクニカル・アナリスト協会の会長になるラルフ・アーカンポーラ（当時はハリス・アッパムのアナリスト）や名優グレゴリー・ペックの甥もいた。

わずか3ヵ月間の研修と短期間であったが、ウォール街の伝統と底の深さを実感する貴重な経験を積む時間が過ごせた。米国社会のすごさの一端に触れることができたのだから。

日本株売り込みの方法

このとき知ったのがベンジャミン・グレアムとデビッド・ドッドの共著『証券分析』で、株式投資への高度な知識を網羅した、人気のある入門書であった。

私はそれまで証券分析の基本的な教育も受けず、証券会社では先輩の行動をみながら仕事をこなしてきたが、外人投資家の投資行動をみて、基本的な知識を身に付けることの重要性を痛感した。

学校での研修期間を終えた後、証券会社メリルリンチ社とヘイドン・ストーン社（後にリーマンブラザーズに吸収合併）でトレーニー（研修生）として時間を送りながら、外人投資家と接触を持つことに努めた。日本株の売り込みである。

研修期間中に一つのアイディアが浮かんだ。当時、米国の機関投資家の間で人気となっていた株と同じ種類の銘柄を、日本株の有望株として選ぶという手法である。

ウォール街では、香料関連のインターナショナル・フレーバー&フレグランス（IFF）の評価が高く安定成長株というコンセンサスがあり、機関投資家の持ち株比率が高かった。消費関連銘柄であり、業績は景気の変動の影響は受けない。研修のときの投資銘柄の分析のケーススタディの対象になったことを思い出し、早速、日本の代表的な香料株の高砂香料工業（4914）を日本株専門の運用者にすすめた。すぐに反応があり二十万株の注文がとれたのにはわれながらびっくりした。私が外人投資家から手にした初めての注文である。

外人投資家へのセールスに成功した日本株銘柄

また、米国ではスーパーマーケット関連株に人気があったが、まだウォールマート（WMT）は市場に公開されていなかった（公開されるのは1年後の1972年）。

米国で生活してこの種の店舗の品揃えの豊富なことにはびっくりした。1970年代の日本ではダイエーとイトーヨーカ堂が成長を始め、ダイエーが1971年春に初めて株式を公開した。日本を離れているときの公開であったが、公開目論見書を日本から取り寄せ、ダイエーを外人投資家にすすめ、大きな単位の注文を日本株ファンドからとれたのには、われながらびっくりした。

当時の外人投資家の頭には米国のこの種の銘柄は成長企業のイメージが強かった。1972年に公開したウォールマートは、現在、ウォーレン・バフェットが大株主である。ダイエーの注文をだしてくれた米国の運用者は日本でもかならず成長企業になると的確に読んでいた。

いまひとつの思い出は、1970年に大阪証券取引所に公開されたオリックス（8591）である。当時の日本ではリース業についての理解が進んでいなかったが、ウォール街ではリース関連株の人気が随分と高かった。米国での人気株とオリックスを並べて比較し、推奨して、外人投資家へのセールスに成功した。

コンタクトレンズのHOYA（7741）、自動販売機のサンデンホールディングス（6444）の外人投資家への売り込みにも成功したのは、いずれもウォール街での人気銘柄からヒントを得たものだ。

当時は外人投資家が日本に上陸し始めて間もないころで、まだこの種の手法での営業は普及していなかった。

最近のように情報が即座に伝播する時代には、日米の人気株に時間差はなくなったが、新しい銘柄の発掘よりも、人気になったその後の継続性と成長の持続性をみるのには、いまなお米国株の分析は大いに役立つと確信をもっている。

ウォール街の動きと東京市場の動きを比較

ウォール街が東京市場の株価の人気を左右するのは１９７０年代から始まっていた。しかし、当時はまだごく断片的で、外人投資家が本格的に東京市場で活躍するまでは、この種の手法は限定的であり、１９８９年の日経平均が史上最高値の３万８９１５円を記録するまでは、日本の投資家が東京市場を支配するという構図は変わらなかった。

大きな転機を迎えたのは１９９０年以降である。

日本株のバブル崩壊が始まったのが契機になり、市場の動向に対しての外人投資家の影響力は大きく高まってきた。皮肉なことに、日本株バブル崩壊が東京市場の国際化を一段と進めることになったのだ。

日本でのバブル崩壊で、日本経済の構造改革が進められ、金融市場の国際化が一段と進展し、その過程でさまざまな問題が発生して、金融市場でも整理統合が進められた。

欧米並みの金融市場の体制が日本でようやく整ったのは、21世紀にはいってからで、その間、欧米で起こった金融バブルの余波をリーマンショックでも受けることになった。

ただ、米国や欧州では金融市場の構造改革を一足先に終えていたので、リーマンショックの余波の影響は大きくなかったが、日本は経済構造の改革にスピード感が欠如し、米国には先を越されることになった。このことが円高という構造面での問題を残し、経済の輸出主導型からは抜け出せないという問題を残した。

現在の日米の景気の状況をみると、為替相場に左右される経済構造が日本には残り、米国型にはなっていない。

米国はリーマンショックの後遺症を、金融政策で消費主導型の経済構造に一段と高め、消費とサービス部門が景気の牽引役になり、一時は衝撃を受けたIT業界もグーグル、アマゾン・コム、フェイスブックのような新興の企業を生み出した。技術革新を成長の原動力にする構造をつくり上げていたのだ。

それに対し日本では、2013年のアベノミクス効果で経済は一時的に立ち直ったものの、新興諸国の景気に左右される構図は残っている。

2016年以降の日米経済の動きをみていると、日本経済にはまだまだ実行すべき課題が残り、それが先行きの足取りのしっかりしない動きにときとしてつながる。

ミクロ経済では改革が進展し始めたが、構造改革は途半ばである。

アベノミクスでの改革で軌道にのったかにみえたが、２０１６年の外人売りが7年ぶりの売り越しになったのをみても、外人がいち早く日本の問題をあぶりだした。

ウォール街の動きと東京市場の動きを比較してみていると、相場の先行きの問題点が数多く浮かび上がってくる。

ここまでの本書の内容で、ウォール街の動きが東京市場の大きな変動要因であることがわかっていただいたと思う。では、これからの具体的な投資戦略について考えていこう。

景気の波に乗る

ウォーレン・バフェットは「明日の相場は語らない」という。

明日の相場は今日の延長線上で語るのが普通である。本日の相場が急騰すれば「あと1日上がるだろう……」と思うのは投資家心理である。逆に、下落相場が続くと「もうそろそろ底入れだろう……」と希望を託したくなる。

しかし、１００％の確実性が立てられないから、このような観測になるわけで、真理はバフェットのいうとおり、「明日はわからない」ということを前提にして、株式投資を考えなければならない。

バフェットは、「3ヵ月先もわからない」という。投資の神様であるバフェットの言葉だけに謙虚に耳を傾けなければならない。

テクニカル分析のアナリストは過去の経験則から、そこに相場の方向性を見つけ観測するが、バフェットはこれを否定する。長年の成功体験から、3ヵ月という短期の相場のトレンドは、だれであろうと正確に先を読むことはできないと確信している。

彼には1年先も同じことで、相場のトレンドを確定できないと判断する。

しかし、5年先、10年先の相場は自信をもって高くなるという。米国経済の現在の世界での地位が変わらず、かつ米国民の能力を信じて、NY株は必ず現在の位置より高い水準になるとみる。

米国の世界でのNo1という位置はこれからも継続し、株価はそれを背景に上昇を続ける。

バフェットがこのような見方をしていることに対しての反論はナンセンスである。これからも、その偉業を打ち破ることはだれにも不可能であるからだ。

今後も世界経済の好不況を繰り返す景気の波を彼も否定はしない。政治家、経営者、投資家もその行動が行き過ぎた場合、結果として反動がきて低迷は当然に起こる。

それが景気の波をつくり出す。経済学者は次のように唱える。

短期波動（キチン・サイクル＝約４年）、中期波動（ジュグラー・サイクル＝約10年）、長期波動（コンドラチェフ・サイクル＝約54～60年）、建設投資循環（クズネッツ・サイクル＝約20年）が現れ、景気の波を形成し、株式相場に影響を与える現象が起こる。

しかし、バフェットはそのような波には重きを置かず、10年単位の投資を考えて戦略をねる。

10年フタ相場仮説

バフェットの理論に反するが、ここでは常識的な景気の波を頭に置いて戦略を立てることを、一応考えておこう。投資判断を誤った場合の避難場所のつもりで読んでいただきたい。

私は、「10年フタ相場仮説」という経験則から割り出した波を相場観測に当てはめてきた。１９６０年代以降の相場の底を、次のように設定できる。

●1960年（昭和35年）以降の転換点

1960年代	1962年	1965年
1970年代	1971年	1974年
1980年代	1982年	1984年
1990年代	1992年	1995年
2000年代	2002年	2008年
2010年代	2012年	2015年

20世紀までこの波は比較的、規則通りのリズムをたどってきた。10年間というのは先にも書いた設備投資を要因とするジュグラー・サイクルによる景気の波の循環である。

1960年代をみると、1962年をピークとする相場展開であった。「岩戸景気」という名が付いた時代だ。

戦後の復興が終わり、株式投資に個人の資金が堰を切ったように流れ込んできて、証券会社は、「わが世の春」を謳歌した。しかし、その後に大きな反動が発生して、1965

年には証券恐慌が発生し、大手証券の「山一證券」、「大井証券」が破綻、公的資金の注入が行われた。

１９７１年はすでに書いたニクソン・ショックが起こった年で、これを契機に円相場が1ドル＝３６０円の固定相場制から変動相場制に少しずつ転換した。21世紀初めの中国ブームのように、この年をきっかけに日本株の見直しが欧米の投資家の間で始まった。

１９７４年は前年のオイルショックで、石油相場が世界経済の撹乱要因の一つになる時代の始まりであった。

１９８２年は米国でレーガン大統領が登場しレーガノミクスがスタートした時期で、ウォール街では長期上昇相場のゴールデンサイクルが始まった。東京市場にもその人気が波及した。

１９８０年後半には日本で過剰流動性が発生し、不動産・株式に大きなバブルが発生した時期であった。日本経済の成長が続き、東京市場の時価総額がＮＹ市場に接近するというバブル相場が発生し、企業も個人も財テクに走った。消費主導型への転換という先進国型経済への改革を怠り、経済構造がいびつなまま株式相場が人気化した時代でもあった。

一方、ウォール街はブラックマンデーの傷跡を癒すために金融市場の迅速な改革が進んだ。

１９８９年末には日経平均が3万８９１５円を記録した。日本経済の実力を反映したものでないことをいち早く見抜いたのは、当時、業界の2巨頭といわれたヘッジファンドのジョージ・ソロスとジュリアン・ロバートソン（タイガー・ファンド）であった。

１９９０年代に入るとともに日本売りに転じた。当時の大手ヘッジファンドの威力はすさまじく、ソロスが動いただけで東京市場に大きな影響を与える力があった。

20世紀最後の10年間は20世紀末の過剰流動性が生んだ経済構造のひずみの処理に追われた。日本経済が内包した問題点が次々と発生し、円相場が買われ１９９５年には79円まで上昇した。

まず政治の世界が混乱し、自民党による1党支配構造が崩壊した。１９９７年には北海道拓殖銀行、三洋証券が破綻した。証券業界での整理が進み、１９９８年に日債銀、長銀が国有化され、金融市場の再編成が始まった。その背景には国際的な金融自由化と国際化があった。

２０００年代にも10年フタ相場仮説は生きていた

１９９０年代にもやはり相場にはヤマ場が１９９２年と１９９５年の2回みられた。

21世紀の幕開けは歴史に残るＩＴブームのピークとともに始まった。米国で１９８０年代から進んでいた技術革新のテクノロジーの結集が一斉に花を開いた。ウィンテル（マイクロソフトのウインドウズとインテルの社名からの造語）、つまりソフトと半導体が生み出したＩＴブームのエンジン役を2社が担った。

両社が生み出した技術革新の波が米国経済の構造の進化をもたらし、世界のグローバル化に大きく貢献した。

米国ではアップル、グーグル、フェイスブックという米国のシンボル企業を生み出した。金融市場では住宅産業を中心にミニバブルが発生し、２００８年にはそれが崩壊しリーマンショックが発生した。その後、金融市場での再編成が進んだ。２００２年と２００８年に株価の調整を経験した。

「10年フタ相場仮説」は２０００年代にも生きていた。

ウォール街でのＩＴバブル相場は２０００年初めに終焉をむかえ、ナスダック指数は同年3月から２００２年10月までに78％も暴落した。

歴史に残る相場のバブル崩壊は17世紀のオランダでのチューリップ球根の大投機に例えられ、この反動がいつも相場の過当投機の崩壊の例に引き合いに出された。それに匹敵する投機に対する反動がウォール街で発生した。

この余波を受けて東京市場も2000年には一時は戻りかけたが、その後に2万833円をつけていた日経平均が再び暴落し、2003年4月の7607円まで奈落の底に沈んだ。1998年の史上最高値からみると80・5%の暴落で、米国のナスダック指数の下落率を上回る暴落になった。

日本の金融機関は再編成で安定化したとみられたが、りそな銀行が公的資金を受けるという第二の金融危機に直面した。これが金融危機の収束のフィナーレになり、相場は2003年4月に底入れし2004年まで上昇した。

2004年には参議院選で自民党が過半数割れになり、その後、自民党政権が崩壊し民主党政権の誕生という政治の混乱時代に突入した。この政治の混迷は2012年の安倍首相の誕生まで続いた。

2000年代の象徴的な出来事は2008年の米国で発生したリーマンショックである。米国での過剰流動性が日本の1980年代のような不動産ブームを呼び、住宅市場でバブルが発生した。

名門の投資銀行のリーマンブラザーズが破綻する衝撃が走り、NY株をはじめ世界の株価が暴落し、東京市場も１９８９年の天井以来、第二の暴落が起こり、２００８年10月には日経平均が６９９４円まで下落した。

２００３年のりそな銀行の破綻時の７６０７円が21世紀の大底になるというのが市場のコンセンサスであっただけに投資家には大きなショックであった。日本株は21世紀初頭にはＩＴバブル崩壊とリーマンショックという2度の衝撃をウォール街から受け、東京市場の相場は完全にＮＹ株の傘下にはいってしまい独自性を喪失した。

日米の経済力の格差が大きくなり、その後の中国の台頭もあって日本経済の世界経済における存在感が大きく低下した。世界経済のグローバル化の進展からすると日本経済の凋落は当然の成り行きであった。

２０１０年代にはリーマンショック後のバーナンキ議長による未曾有の量的緩和政策が効を奏し、米国経済は立ち直った。

東京市場も立ち直り「10年フタ相場仮設」でみる波動のリズムは２０１０年代初めから再び示現し、それに２０１３年の安倍政権のアベノミクスという経済対策も加わって、２０１５年６月には日経平均がＩＴバブル時の２万８３３円を抜き２万９５２円になった。

これは21世紀にはいってからの最高値である。

しかし上昇相場のエネルギーは息切れした。理由はユーロ圏の問題、中国の経済成長のピークアウト、石油・非鉄など商品相場の下落などが集中し、米国での金融正常化のための政策転換という相場の頭を抑える材料が連続的に出てきた。

２０１０年代の第一回目の上昇波動が２０１５年に終わり２０１６年に底を入れたが、「10年フタ相場仮説」を当てはめると、２０２０年に向けての第二の上昇トレンドにはいったとみられる。

バフェットが「1年先の相場はわからない」というように、相場の神様でさえわからない2年~3年先を予想するのには気がひけるが、21世紀も5年先を見据えた相場観則なら予想を立てることは許されるだろう。

投資の実践

私は１９６０年代初めに株式市場と個別企業動向を取材する証券記者として世の中に出た。配属されたのは大阪証券取引所の証券記者クラブだ。

毎日の仕事の始まりは取引所の立会場が一望できる記者席に陣取ってその日の相場の動

きと対面することである。正面には企業名の横に株価の札があり売買が成立すると所員が数字の札を並べ替えていった。

証券会社の場立ちが売買を成立させ、取引所員の机に報告するという、人海戦術での取引で喧騒につつまれていた。現在のコンピューターが処理するシステム化された取引所機能からすると、全く別世界であった。

20世紀末からの証券取引所のＩＴ化の進展には目覚しいものがあり、コンピューターが人間にとって代わり機械化のスピードが加速した。最近では、コンピューター・システムが1秒間に数千回の取引を行うＨＦＴ（超高速取引／high frequency trading）という取引が出現した。

このスピードの速さはオンライン取引をしている投資家ならだれでも実感している。注文を入力して別の画面に移行すれば、瞬時に売買成立の可否がみられる。

これの数千倍のスピードで専門家が、コンピューターによる売買のシステムを組み、仕組まれたプログラムで売買をする取引がウォール街で20世紀末から始まった。

最近では「5年間で負けたのはたった1日だけ」という売買取次ぎの証券会社も続出している。アルゴリズムトレードといわれるもので、そのすぐれたプログラムで、このような神業が可能な時代にはいってきた。

これは瞬間のときを利用したもので、それがときとして相場形成をゆがめる原因にもなっている。

コンピューターに組み込まれているプログラム通りに取引が行われるので、入力のミスもあるが気がついてからではもう遅い。大きな注文の間違いが株価の暴落を招いたりする。

このような世界では過去の相場の動きをパターン化したテクニカル分析の手法は役立たない。超高速取引で一般の投資家に先んじて機敏に行動ができるため、相場形成のゆがみをつくる場合がある。超高速取引がＮＹ市場では取引の50％以上になっている。

ここで注目したいのは短期的な相場予測にはこれまでのテクニカル分析の手法が通用しなくなり、個人投資家の場合は短期売買で平均的に成功するのが難しい時代にはいってきたということである。バフェット時代の到来である。彼の偉大さがこんなところでもわかる。

トップダウンとボトムアップの手法

株式投資の手法の原点に戻って、実践的な考え方を二つに分けて考えてみよう。

グローバル化が進み、投資家の運用にはさまざまなタイプが出現してきたので投資手法を大きく2分類しておこう。

トップダウンの手法

上昇相場が始まった場合には、まずこの手法を重要視する。

２０１３年のアベノミクス相場を例にとろう。安倍政権が発足して上昇相場が始まった。景気の活性化のために３本の矢のテーマをもとにまず財政政策が発動された。民主党政権で減らされてきた公共投資の増額を柱に財政出動に踏み切った。財源は50％強が建設国債の発行で民主党政権が国際公約としてきた「新規国債発行枠44兆円」を取り払い、50兆円規模の新規国債を発行した。

第二の矢は黒田日銀総裁の就任で、日銀は「異次元緩和」でマネタリーベースを2年で2倍に増やす政策を発動した。小出しではない思い切った金融緩和策に市場は即座に反応し、円相場は２０１３年4月の93円から2ヵ月後には１００円に急落した。消費者心理に大きく影響を与えたのは、株高で日本復活を先読みした外人投資家の資金が市場にセキを切ったように流れこんできたからだ。

特に米国の人気ヘッジファンドのダン・ローブ（サード・ポイント）は「安倍政権の誕

生でクリスマス休みを返上して東京市場への投資を考えた」と東京市場に参入し外人投資家のリード役になった。「異次元緩和」で相場の柱になったのはまず円安を背景にした輸出関連で日立製作所、パナソニック、トヨタ自動車、消費需要の拡大でセブン＆アイ・ホールディングス、イオン、三越伊勢丹、金融緩和で収益率改善が期待される野村、三井住友FG、東京海上、地価上昇期待の住友不動産、三井不動産、三菱地所などがアベノミクス相場の人気をリードした。特にトヨタ自動車が２００８年のリーマンショック後の高値を更新したのは象徴的であった。

同年９月の日銀短観では黒田日銀総裁は、「所得から支出への循環が動き始め、これまでの見方と整合的な動き」と胸をはった。

アベノミクスでは追いかけて「第三の矢」が検討された。電力、医療、インフラ整備などでの規制改革や特区創設が柱であった。

ほかに電力小売りの完全自由化、空港、道路整備でＰＦＩ（民間資金を活用した社会資本整備）を広げる政策の発動である。これらの成長戦略で国民所得を今後10年間で１５０万円以上増やす方針を打ち出した。

アベノミクスをテーマにした人気株の出現があったが、このテーマは２０１５年で終了する。

NY株の上昇がピークアウトしたのは2015年でリーマンショック後の量的緩和を背景にした上昇相場が終焉したからである。

2015年12月に米連銀は9年半ぶりに政策転換を行い、金利の誘導目標を0～0.25%から0.25%～0.5%に引き上げ、ゼロ金利という異常な事態と決別した。

市場では「いつかは来る」とみていただけに、大きなショックはなかったが、今後は正常化に向かって政策の舵取りが行われる。2015年はNY株だけでなく、それがアベノミクス相場の終焉でもあった。東京市場でも大きなテーマ相場が終焉した。

トップダウン戦略の転換

相場のテーマが変わると相場の人気株の中味も変わる。2016年にはいってからのウォール街での人気テーマはグロース株からバリュー株への移行であった。

グロース株は企業の成長が銘柄を選択するキーワードだが、バリュー株は企業業績の成長よりもバランスシートを重要視し、銘柄選択の基準にはPER（株価収益率）、ROE（株主資本利益率）、PBR（株価純資産倍率）、PSR（株価÷1株当り売上）などの指標が使われる。

これらの指標には一つの基準があるのか。

PERは株価収益率（株価÷1株当り利益）で、現在の1株当り利益をベースにして投資した場合、何年で現在価値（株価）が回収できるかという尺度で、そのときの市場平均と比較して割高か割安かを判定する。絶対的な基準を設定するのでなく、同じ業種の他の銘柄に比べる場合の規準に利用される。

ROEは株主資本利益率（純利益÷株主資本）で、企業が株主から預かった資金でどれぐらいの収益率を上げているかをみる。

ウォール街で古くから重要視されてきたが、東京市場で投資家の銘柄判断の基準に使われ始めたのはそう古い話でない。最近のように経営者が株主への利益還元を重視するようになり、企業ガバナンスのあり方が改善されてきたからでる。

企業の手元流動性が改善に向かい資金の借り入れに依存するのでなく、資本市場からの調達を優先する機運が強まってきたからでもある。金融機関の力が強いときは、いざというときは金融機関に駆け込んだが、金融市場の国際化によって大きく転換した。株主重視の経営者の姿勢の転換は投資家にとってはきわめて大きなメリットである。

その変化でここ10年間、大きな改善がみられ、資本市場の国際化で米国流の資本市場の重視が着々と根付いてきた。

話は横道にそれるが企業の情報発信の有り方の改善のスピードも速い。一例は決算発表時のアナリストへの情報の提供の有り方である。

大手企業だけでなく、新興市場の企業も年2回、東京で機関投資家やアナリストを対象に経営者が自ら決算内容について説明する。このような機運は遅まきながら地についてきたが、米国に比べて最低30～40年は遅れていた。

情報が迅速に正確に伝わることは株価形成の合理性のためには絶対に必要な条件である。外人投資家の投資行動がこの面でも好影響を与えた。

ROEを改善するには利益を引き上げるか、過大な株主資本を減らすかである。後者の対応策として自社株買いは重要な手段の一つである。

米国では自社株買いの原資として借り入れや社債をわざわざ発行して調達することも行う。日本でも出始めたのは株主には好ましいことである。

PSRは株価を1株当り売上で割って計算する。表現を替えると時価総額を売上で割ってもよい。ウォール街では企業分析にはかならず尺度の一つにはいっている。

しかし日本ではそんなに普及していない。なぜ普及しないのか首をかしげてきたが、理由の一つは日本企業の売上利益率の低さであった。

日本では企業経営者の経営目標には利益率よりもシェアを上げることが選択肢として大きく、最近のように台湾、韓国の企業が業界でのシェアを上げるケースが増えてくるなど経営者の価値観の変化がみられる。

売上利益率が高まると、ＲＯＥ重視の経営が見直される。経営目標として10％以上の設定をするケースが増えてきた。中期経営目標を公表するケースが最近は増えてきたが、10％以下の企業の目標数値の標準値になってきたのは好ましい。

バフェットの重点投資銘柄

バフェットが株主宛の報告書のなかでポートフォリオのなかの重点投資銘柄として公表している上位15銘柄について、主な指標をみてみよう。

ここに上げた銘柄は特にバフェット独特の発掘銘柄と見られる企業は少ない。だれでも知っているブルーチップである。

そのような銘柄に注目した共通要因を、これらの持ち株表からは読み取ることができ

バフェットのポートフォリオ　上位15銘柄

	PER	ROE	PBR	PSR	営業利益率
アメリカン・エキスプレス	11.8倍	24.98%	2.92倍	1.95倍	28.19%
AT&T	12.9倍	12.8%	1.92倍	1.61倍	18.2%
チャーターコミュニケーションズ	—	13.07%	—	2.31倍	13.0%
コカコーラ	22倍	26.16%	7.75倍	4.48倍	23.31%
ダビダ・ヘルスケア	17倍	7.04%	3.2倍	1.11倍	13.4%
ディア&カンパニー	19.2倍	24.3%	3.7倍	0.88倍	8.9%
ゴールドマン・サックス	8.8倍	7.14%	0.94倍	2.12倍	38.05%
IBM	10.6倍	101.1%	10.24倍	1.78倍	19.8%
ムーディズ・コーポレーション	18.0%	—	—	5.48倍	42.2%
フィリップス66	11.3倍	5.3%	1.99倍	0.94倍	5.3%
プロクター&ギャンブル	20.3倍	14.5%	3.66倍	3.06倍	21.5%
サノフィ	13.6倍	7.88%	1.74倍	2.90倍	21.1%
U. S. バンクコープ	11.5倍	13.0%	1.77倍	3.87倍	44.2%
ウォールマート	15.8倍	17.7%	2.72倍	0.45倍	5.00%
ウェルズ・ファーゴ	10.8倍	12.2%	1.44倍	2.96倍	42.85%

る。指標のなかに常識を超えてずば抜けて高い数値がみられることである。

アメリカン・エキスプレスは営業利益率が28%と金融にしては高い。ユニークなビジネス・モデルである。知名度が高く1850年設立の歴史ある企業である。

同社のクレジット・カードは高い所得層の利用者や企業経営者が多くステイタスが高かった。旅行分野でのビジネスに強かったがいまでも世界的に地盤が強い。バフェットのこの株の投資歴は古く1980年代からである。

AT&Tは米国の通信業界の顔で時価総額は2367億ドル（26兆円）、営業利益率が18%台と高い。知名度が高く1883年設立の歴史ある企業である。

チャーターコミュニケーションズは代表的なケーブルTVの運営企業で、M&Aによって地盤を着実に拡大している。バフェットの後継者の1人であるデッド・ウィシュラーが推奨してバフェットが取り上げた。

コカコーラはバフェット投資の看板的な存在で、彼はアルコール類とは縁がなく、顧客とのランチタイムでもステーキを食べながらコーラを飲む。健康である秘訣の一つとして自慢している。株式相場が軟調なときには、その存在感を発揮する。営業利益率は約23%と高い。

ダビダ・ヘルスケアは人口透析の専門病院の運営で全米に患者のためのネットワークを所有している。ディア&カンパニーは農耕機械、芝刈り機、森林関連機械、建設機械の世界的な企業で19世紀末に設立された歴史のある名門会社である。業績は安定成長でバークシア・ハザウェイが筆頭株主である。

ゴールドマン・サックスへの評価は高くリーマンショックのときには、そのファイナンスをバフェットが全額引き受けた。営業利益率は38%。

IBMはROE(純利益÷株主資本)が101%と高い。1年で株主価値は2倍になる。

これまで株価のパフォーマンスはよくなかったが、数年先を読んだ投資である。

ムーディズ・コーポレーションの営業利益率は高い。代表的な格付け機関だが、資本市場での企業の分析資料を提供する。

フィリップス66は石油の精製、貯蔵、パイプライン、精密石油化学の分野で利益率が高い。石油相場の変動に左右されない企業である。

プロクター&ギャンブルはかつてバフェットが大株主であった、ジレットを買収したので結果として大株主になった。買収後も株主として残り、そのビジネス・モデルを高く評価してきた。営業利益率が21%と高い。

サノフィはバフェットが医薬品株で唯一保有する銘柄でフランスの企業。PBR（時価総額÷1株当り売上）が1.74倍と低くM&Aの対象になりそうだ。営業利益率も21%と高い。
U.S.バンクコープはバフェットが長年、投資してきた銀行株。
ウォールマートも彼の投資歴は古く米国の典型的な消費関連銘柄であることは論じた。

ウェルズ・ファーゴはバフェットのポートフォリオでの投資金額では第一位であり、株主としても筆頭株主になった。営業利益率が42%とずば抜けて高いし、経営力のすぐれていることを評価してきた。

バフェットが注目する指標はＰＥＲは平均並みで、ＲＯＥ、ＰＳＲ、営業利益率などが平均より高い企業である。

ボトムアップ手法での分析で具体的にどのような視点で企業をみるかは、バフェットの投資銘柄をみるとよく理解できる。

第6章

10倍株を発掘する株式投資の実践編

投資情報の検索はＮＹ株の動きから

本書で一貫して重視してきたのは日本株の方向性の決定要因としてのウォール街の動きである。21世紀には米国経済が復権し政治・経済面でも、世界への影響力が一段と高まった。

米国株の動向が世界の株価を動かし、それを見て世界中の投資家が動くという構図は今後も不変である。

それだけにＮＹ株の動向が日本株の見通しを判断する最大の要因であることは世界の投資家の間でのコンセンサスになった。投資の場合には日本株とＮＹ株の相関関係に注力しなければならない。

早朝、ＰＣのネット上で投資情報を検索するとき、第一にＮＹ株の動きの分析から始まるのが自然と習慣になった。続いてヨーロッパ株、アジア株の動きに移る。

このような行動がとれるのも21世紀に急速に進行してきたＩＴ革命のおかげである。インターネットを使って投資していると、「ここまで進化したか！」という新しい感慨を経験する毎日だ。フェイスブックやソフトバンクの成長が実感できる。

かつてはこのような情報収集にはブルームバーグや日経ＱＵＩＣＫを利用しなければな

NYダウ平均と日経平均株価（10年間）

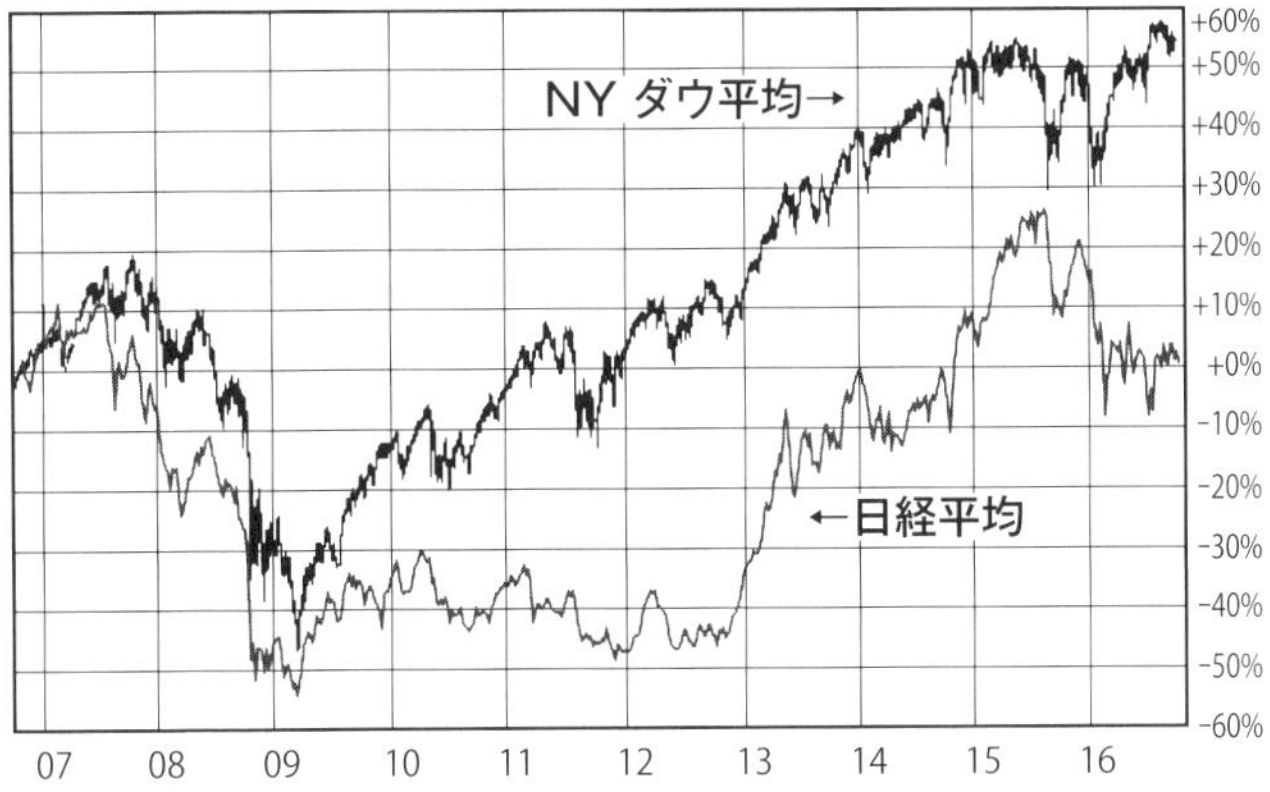

らなかったが、英語さえ理解できるなら無料でブルームバーグやMarketWatch、Yahoo Finance、CNNMoneyなどで世界の金融、証券、経済情報を入手できるし、リアルタイムで株価、為替、金利などもわかる。

例えばMarketWatchではＮＹダウ平均、Ｓ＆Ｐ５００、ナスダック指数の動きが時々刻々と入手でき無料である。

欧米での、この種の情報は日本の情報配信の量に比べて１００倍をはるかに越える分量だし、われわれの処理能力では到底、追いつけない膨大な分量である。

このような現状では投資の世界でもグローバル化が進み、ウォール街の動きがさまざまな面で影響力をもつのは当然である。

世界の株式市場での東京市場の位置づけ

ここ10年間の日米の株価を見ると２００７年夏に日米とも天井を付けた。

その後、２００８年に起こったリーマンブラザーズ破綻をＮＹ株は約1年も早く予知し、２００７年から下落を始めていた。株価の先見性を見事に発揮したのは驚きであった。ウォール街は１９２９年の米国発の大恐慌の再来に直面した。

当時の米国の金融政策の２人の指揮官であるヘンリー・ポールソン財務長官とベン・バーナンキ連銀議長が瀬戸際で恐慌への突入を食い止めた。２人は毎週、１回は昼食をともにするという親密な関係をつくり危機からの脱出に成功した。このような秀でた人材が政策当局に育つ米国はうらやましい。

救済政策は金融機関への公的資金導入と未曾有の資金供給であった。ウォーレン・バフェットはこの２人の功績をたたえ、「銅像を立てるにふさわしい」と絶賛した。

ＮＹ株は２００９年3月を大底にして２０１５年まで順調な上昇トレンド入りしたが、日経平均は取り残され２０１２年末の安倍首相の登場までボックス圏でのもみ合いで終止した。２０１１年の東北大震災という悪材料が重なった不幸もある。

日本株は2012年にはようやくNY株と歩調を合わせ回復トレンドにはいった。その背景には安倍首相の登場でアベノミクスが発動され財政政策と日銀の膨大な資金供給が発動されたことがある。

その効果もあり円相場が下落、ようやくNY株へのキャッチアップのトレンドにはいり、出遅れた差を埋め始めた。

しかし2015年にはNY株が調整局面にはいり、円高基調への転換懸念もあってNY株を上回る調整局面にはいった。アベノミクスで日本経済の復活を買った外人投資家が日本の企業の構造改革の遅れに失望し日本株投資から撤退した影響もある。外人の日本株投資の熱意の後退はアベノミクスの効果への疑念が芽生えたからでもあった。

米国株の影響力という点ではヨーロッパ株も同じでウォール街に左右され、日本よりもその影響度が大きいことが次のチャートからもわかる。ここ10年間のヨーロッパ株はNY株の写真相場で日本株以上に密接度が高いことがわかる。

このチャートでみるとヨーロッパ株はNY株と同時に動くというよりも、むしろ先行性があるともいえる。歴史的にはヨーロッパの株式市場の歴史はウォール街よりも古く、ある時期まではNY株の先行指標とみられてきたこともある。

日本の公的年金が運用を委託している米国の投資顧問会社ハリス・アソシエイツ社にオークマーク・インターナショナル（ＯＡＫＩＫ）という国際投信がある。運用者デビッド・ヘローは21世紀初頭10年間の最優秀ファンド・マネージャーという栄誉をモーニングスターから受けたが、最近のポートフォリオ（２０１６年3月末）をみるとヨーロッパ65・９％、アジア24・６％（うち日本は16・３％）、エマージング＆その他の市場11・２％で日本の比率はヨーロッパに比べてもはるかに小さい。

米国の投資家が位置づける世界における日本株投資の重要度を物語っている。世界の株式市場での東京市場の位置づけの一つの参考例である。

この現実は直視しなければならない。ちなみに韓国の比率は1・９％、中国は1・８％である。ＧＤＰでみた国力とは全く異なった位置づけで、欧米の株価の動向が世界の株価の動向を握るのが現実である。

さて日本株の先行きを論じるのはバフェットのルールには違反する。彼は「相場の1～2年先のことはわからない」と断言している。

ここでいえることは、日米ともに現在はバブルは発生していないということである。

ヨーロッパ株（EuroSTOXX50）と NYダウ（10年間）

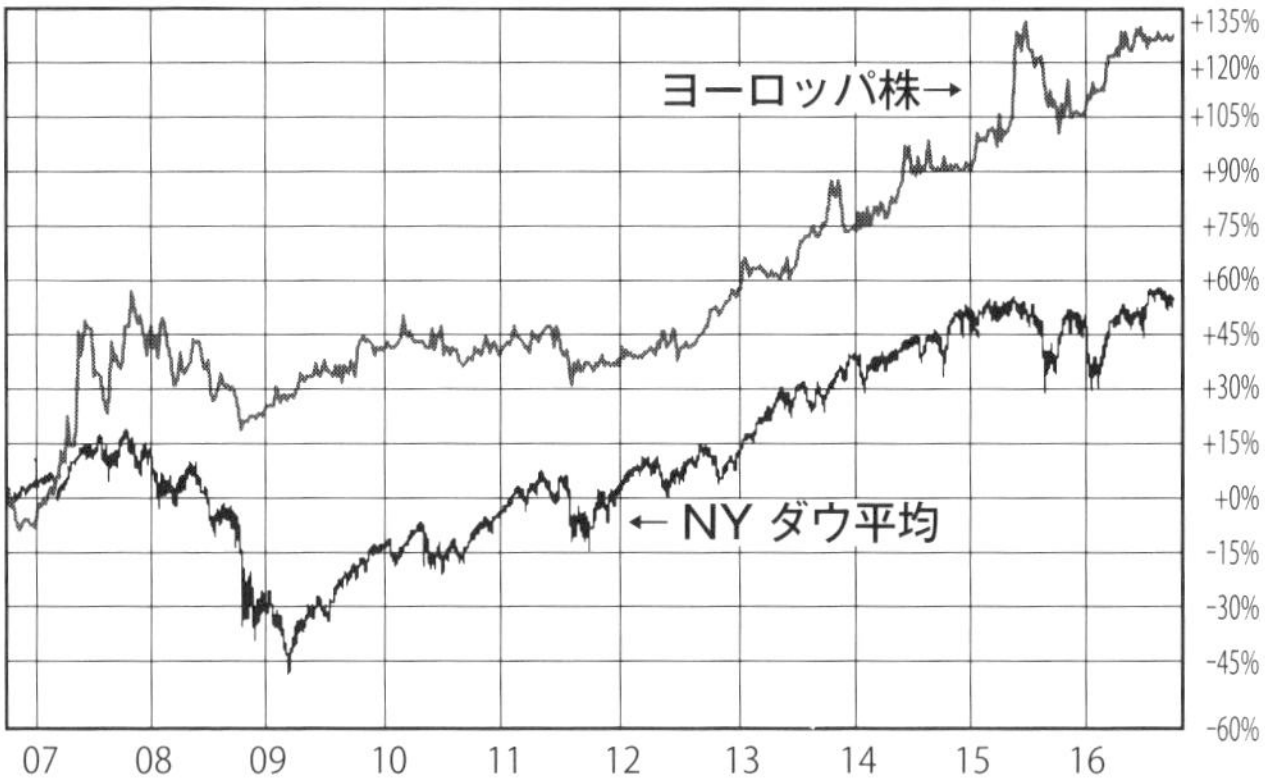

日本株が米国株よりも立ち遅れた理由はなにか

ひと言で表現するなら株価形成の合理性の欠如である。特に企業経営者の株主の方を向いた政策という面で大きく立ち遅れてきた。

最近、ようやく配当性向（支払い配当÷純利益×１００）で配当金を決めるのが一般化しつつあるが、この点でも欧米に比べて数十年は立ち遅れた。自社株買いを含めた利益の還元という考え方はやっと始まったばかりである。借金をしてでも自社株買いを実行するケースが散見されるのは大歓迎である。

決定的に遅れているのは株主に向けた情報発信と、その開示である。この点が欧米に比べいちばん立ち遅れており格差が大きい。

企業に関しての情報の伝達手段をになうメディアの機能が欧米に比べて大きく見劣りすることも、東京市場での合理的な株価形成に問題を残す。

ここ10年はＩＴ技術の発展のおかげで欧米にキャッチアップする意欲と行動が経営者のなかにみられるが、まだまだ大きな格差が存在している。この格差が埋まることが今後の大きな課題だが、期待できる兆は現れている。

有望株の発掘

有望株を考えよう。

銘柄の発掘にはさまざまな視点がある。たとえばバフェットのポートフォリオを類型化してみると製造業、非製造業、金融業といった分類で説明ができる。

バフェットの投資部門のポートフォリオは40％強が金融株で、投入金額が時価総額でみてもっとも大きいのが銀行のウェルズ・ファーゴ（ＷＦＣ）である。金融は米国経済のバックボーン（屋台骨）という評価をしており、今日の資産を築いてきた投資歴からみても金融株投資の成功が大きく寄与したし、直接経営しているグループ企業も現在、大きなキャッ

成長株

	時価総額	PER	ROE	PSR	営業利益率
寿スピリッツ (2222)	839億円	34.8	23.4	2.6	11.7
エムスリー (2413)	9825億円	64.7	28.2	12.5	31.4
アリアケ (2815)	1824億円	28.4	10.9	3.7	19.3
日本調剤 (3341)	733億円	10.8	20.0	0.29	4.6
塩野義製薬 (4507)	1兆9100億円	23.5	15.6	5.8	30.4
そーせいG (4565)	2兆2553億円	19.5	44.5	9.1	10.7
日本ペイント (4612)	1兆1430億円	38.1	―	1.9	14.4
ダイキン (6367)	3兆700億円	20.4	16.1	1.4	11.5
任天堂 (7974)	3兆9920億円	78.0	1.3	7.8	9.0

シュフローを上げている。本書では「成長株」、「バリュー株」、「景気循環株」、「消費関連株」、「金融株」という分類を採用するが、なかでも成長株をみてみよう。

外人投資家が日本株に投資する場合には、まず注目する業種で日本独特の土壌で育った企業には高い評価を下す。景気循環による影響を多少は受けるが、長期的な成長トレンドからみると不況抵抗力がある。

成長株を業種でみると、ヘルスケア、消費関連が主力である。これまで10倍になる株（テン・バガー／ten bagger）で取り上げた銘柄は重複を避けるためできるだけ除外した。それでは、上段の表に入れた銘柄について、説明していこう。

有望銘柄①

寿スピリッツ（2222）　他社と差別化した洋菓子の魅力が存在感

２０１６年3月期は成長路線に弾みがつき、これまでの「経常利益率20％」という目標に向かって実現性が近づいてきた。

かねてカルビーの松本会長は「スナック菓子メーカーなら営業利益率20％を出すのがグローバル基準だ」という持論を披露してきたが、寿スピリッツの河越社長も「経常利益率20％」が目標と打ち出した。

1年前の２０１５年3月期の経常利益率は9・０％で当初、「そのような夢のような話」と受け止めていたが、２０１６年3月期には12・5％になり、20％目標も「ひょっとすると、実現可能かも」と感じさせる決算実績を達成した。

２０１６年3月期の決算は、1年前の２０１５年3月期の期初予想に比べ、次のような推移になった（期初→期中→実績）。

●売上　２３７億円→２４５億６０００万円→２６６億１２００万円（前年比＋15・9％）
●営業利益　21億５０００万円→26億７５００万円→32億７７００万円（＋61・1％）

寿スピリッツ(2222)

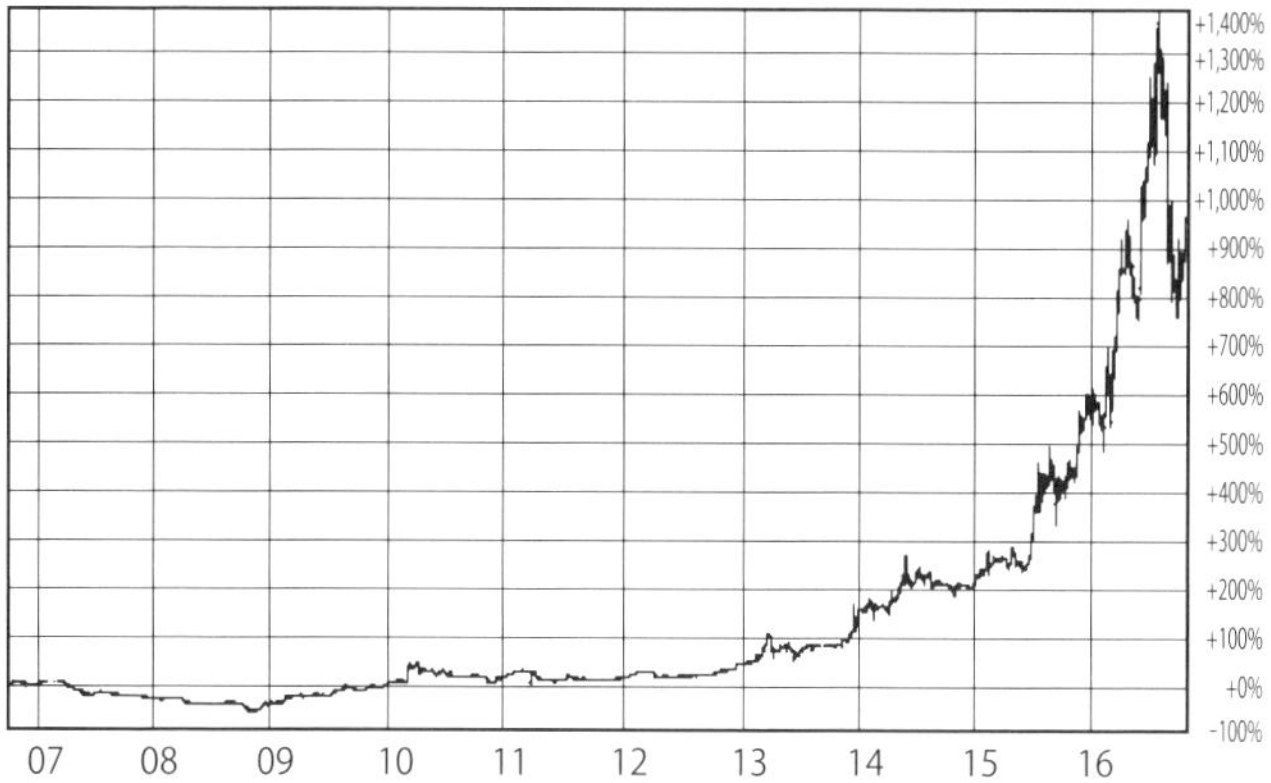

●経常利益　21億5000万円→27億円→33億2600万円（＋60・7％）

●当期純利益　13億9000万円→18億7000万円→23億5000万円（＋76・7％）

同社のこれまでの成り立ちは、全国各地の銘菓製造会社を買収して成長し、それらの会社を傘下に持つという形態の経営であった。

現在、セグメント別では主力の「ケイシイシイ」は北海道内店舗と国内主要空港でのインバウンド対策の強化に力点をおき、売上全体の34・1％、次いで関東圏を中心とした「シュクレイ」は同14・3％で、この二つで全体の48・4％と大黒柱である。

前期の伸び率は前者が＋9・2％、後者は＋36・6％。特に首都圏のシュクレイは東京駅構内での販売店が旗艦店で、商品の人気は大変なもので連日行列ができている。マーケティングが巧みである。

こうした他社と差別化した洋菓子の魅力が、寿スピリッツの存在感をつくり上げてきた。ケイシイシイは韓国ソウルに出店、シュクレイは香港で合弁会社を設立し海外展開の拠点にした。また、伝統ある「フランセ」ブランドを持つ株式会社フランセを明治ホールディングスから買収し、2017年3月期から同社の看板であるギフト・土産物の洋菓子の製造・販売が、本格的に業績に加わる。早速、同社スタイルの工場に改修し、成長分野に育てる。

これまでのブランド力に加え、どのような新機軸を打ち出すかが大きな関心事である。2017年3月期は売上41億円、営業利益1億1200万円を予定している。

寿スピリッツの2017年3月期の業績見通しは次の通り。

●売上313億7000万円（+17・9%）、営業利益36億8000万円（+12・3%）、経常利益37億円（+11・3%）、純利益（+4・5%）、1株当り利益77・44円（+4・5%）

経常利益率は11・7%と前期より落ちる見通しだ。ただ同社の決算見通しはいつも保守的で、この数字はきわめて控え目である。

今期の目標にしている数値は訪日外国人向けインバウンドの売上が25億円（3・0倍）、海外売上15億円（2・7倍）、首都圏売上60億円（＋55％）と成長率を大きく押し上げる部門がある。これまで打ってきた成長戦略が大きく寄与する。それに明治ホールディングスから買収したフランセの展開にどのような成長戦略をとるかが期待される。インバウンド売上は3倍になったが、今年4月の月間の売上は4倍であった。

２０１７年3月期も業績は大きく上ぶれし、期を追うごとに上方修正がでてくるとみている。株価は年初来で60％上昇した。売上経常利益率も20％台に向かって動いている。

有望銘柄②

エムスリー（２４１３）　隠れたヘルスケアの成長株

4月26日に２０１６年3月期の決算を発表し株価はその内容を好感して上昇した。相場全体は波乱期にあっただけに堅調な株価が注目を集めた。

今回の決算は今後の同社の成長の展開を見る上では一つのエポック（新時代）入りの兆を示すものであった。一時的な人気でなく見直し人気は続いていくだろう。

過去10年間の株価チャートをみると上昇率は30倍以上と驚異的なパフォーマンスを示し

たが、ここ1年余はボックス圏に入り、本来の上昇エネルギーがみられなかった。

しかし今回の決算発表では本来の成長力を取り戻し高収益企業への復帰が確認できた。おもなビジネスラインは3本柱で医療ポータル（売上比率39％）、治験などエビデンスソリューション（同30％）、海外（同21・37）である。

それぞれの営業利益率は医療ポータル58％、エビデンスソリューション19・5％、海外11・6％でコアビジネスの医療ポータルがインターネット企業のなかでもトップ水準の利益率である。この分野から生じるキャッシュフローを駆使し臨床試験分野に進出し、20％近い高収益率を上げる。

この分野では先輩のＥＰＳホールディングス（４２８２）に売上面で迫り、追い抜くのは時間の問題である。新薬開発ブームで需要は高水準で海外企業やバイオ分野からの受託増が成長に大きく貢献する。

エムスリーの最近の成長戦略で注目されるのは積極的なＭ＆Ａ（買収）戦略である。２０１６年８月には麻酔科医を専門にした人材紹介会社アネステーションを買収した。外科手術で必要な医師が不足し入手不足が深刻になってきたのを見込んでの動きである。同社のサイトを通じて事業規模を全国展開する。また同年10月にはフランス、ドイツ、スペ

エムスリー（2413）

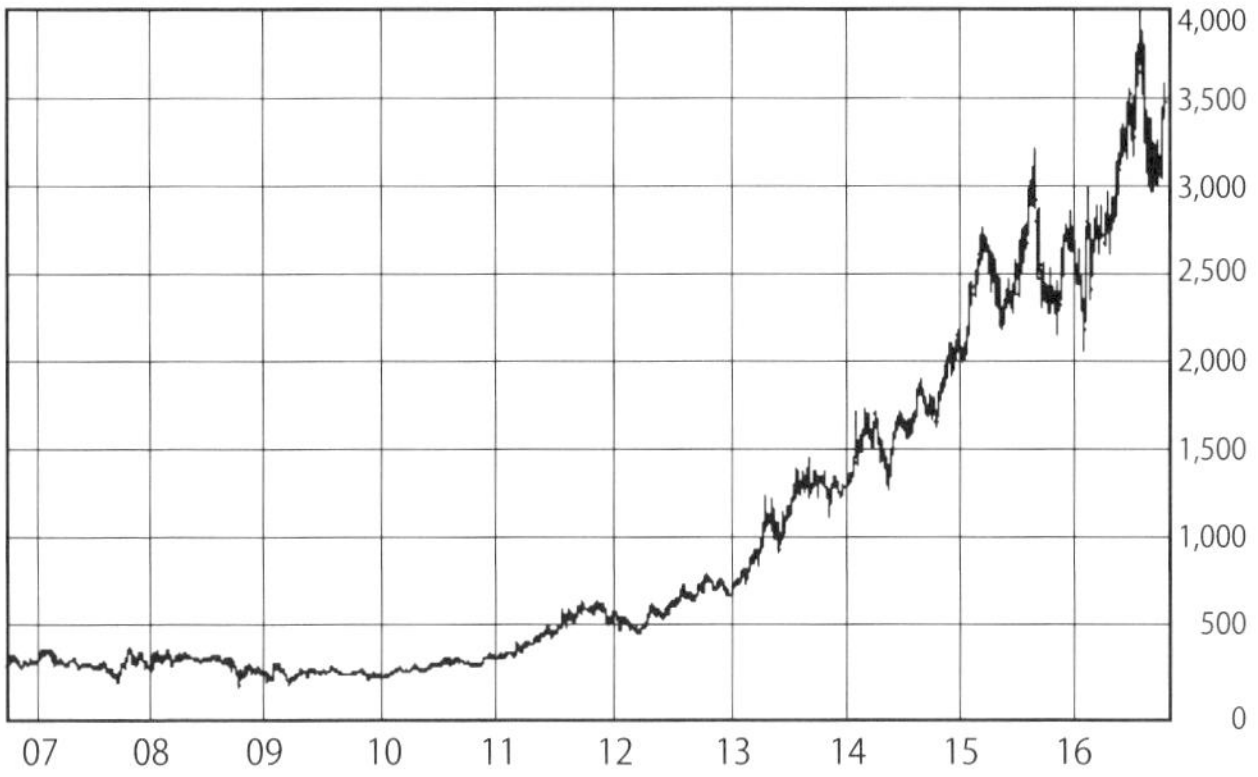

インの3ヵ国で医薬品情報データベース関連事業のAXIO Medicalホールディングスを買収し日本でのビジネスモデルを欧州に持ち込む。これまでの巧みなM&A戦略を海外で駆使し、市場の開拓を進めている。

隠れたヘルスケアの成長株である。今後はこの分野は医療ポータル部門を追い抜く勢いである。

また大黒柱の医療ポータルも一時は伸び悩んだが、ここへきて成長路線を取り戻し、一時期に契約を打ち切った大手製薬企業とも再契約を結んだ。

先行きは往年の成長路線を取り戻すことは確実である。またバイオ開発を支援する分野にも足を踏み入れた。日本独自のヘルスケア分野でのビジネスモデルもこれから評価されていくだろう。

有望銘柄③

アリアケジャパン（2815） 畜産天然調味料のトップメーカー

チキン、ポーク、ビーフなどを原料とする畜産天然調味料のトップメーカー。業務用、即席麺、外食産業、食品加工が需要先で景気には影響の受けにくいビジネスである。

2009年3月期を底にして7期間連続しての増収、増益が続き営業利益率が20%近い高収益企業である。天然素材を原料にしており安全性の高い製品で、世界での市場開拓に成功した。

現在は国内のほかオランダ、ベルギー、フランス、米国、中国、台湾と世界7拠点で生産を行い、世界的な企業に成長した。日本の食文化の人気で着実に市場が広っている。最近は企業の成長性を評価し外人投資家の間でも人気が高まってきた。生産工程を自動化し、コスト削減に成功している。

先行き海外で生産拠点の拡大に力点を置き、高い成長率を維持する。これまで200億円以上の海外での設備投資がフルに効果を表してきた。

アリアケジャパン（2815）

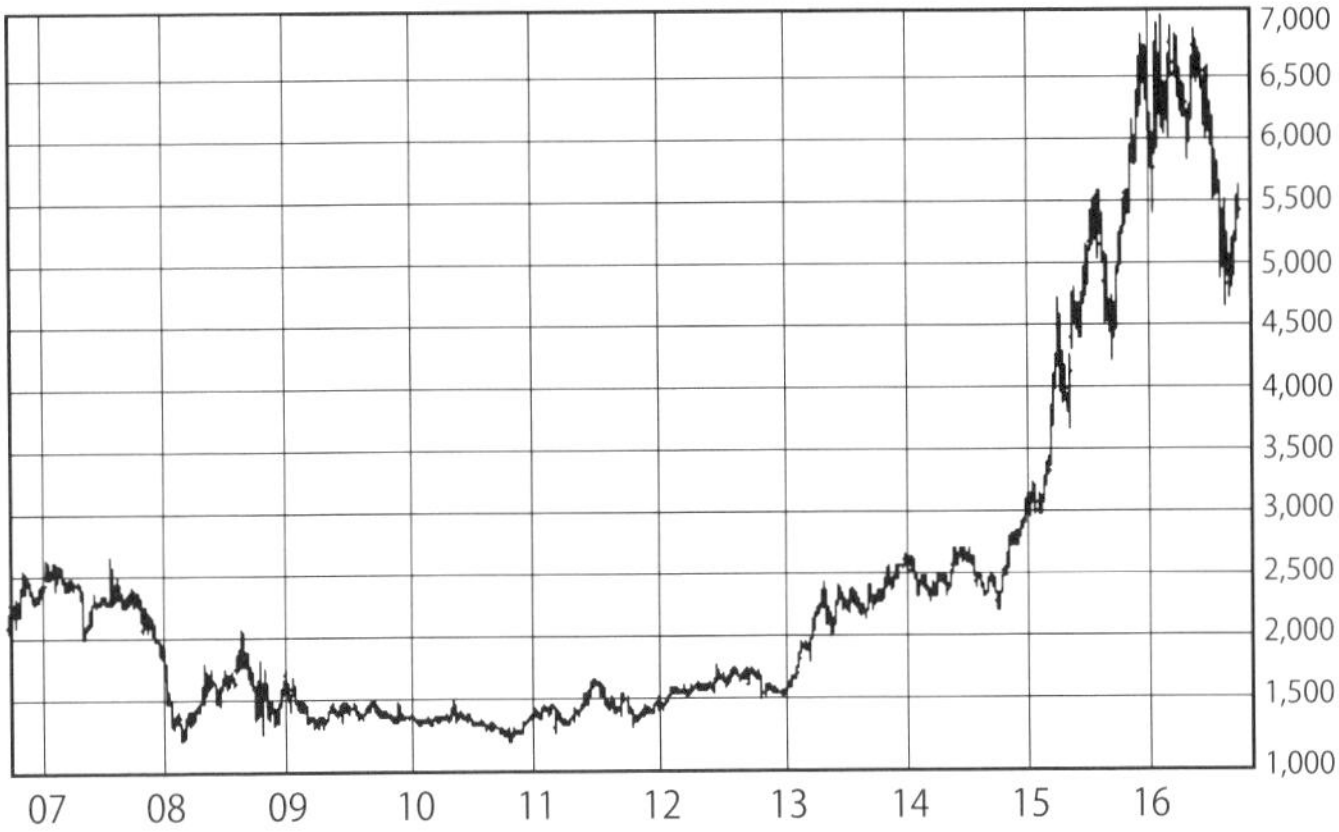

有望銘柄④

日本調剤（3341）調剤薬局の新ビジネスモデルメーカー

調剤薬局のほか、在宅、介護やジェネリック（後発薬）分野に力点をおくヘルスケア・ビジネスの総合企業である。

調剤薬局では全国第二位で、今後はジェネリック医薬品の生産を自社でも行い日本では珍しい製造面と、それを患者に直接、医薬品を販売する新ビジネスモデルのメーカーとしての道を歩む。この点では今後の成長性に議論が分かれるが、成長率と収益率を高める積極的な経営が注目される。

営業利益率は調剤薬局が4・8％、医薬品

製造が7・8％、医療従事者派遣・紹介が19・5％で、新しく戦略部門として力点を置き始めたジェネリック部門（医薬品製造）と、医療従事者派遣、紹介部門の利益率が抜群に高い。

ジェネリック業界の基準では営業利益率10％台というのが常識になってきており、今後は経営資源を全力投入してこの部門の育成を進めていく。全体の営業利益率を底上げする原動力にする。成功すれば製造、卸、小売りと一貫体制が完成し新しいビジネスモデルのヘルスケア関連企業になる。

最近の調剤薬局部門を牽引しているのは、大型門前店舗（病院に隣接する店舗）でのC型肝炎治療薬の伸びである。高薬価で門前薬局が得意とする治療薬である。

同社はジェネリック医薬品の取扱いに早くから力をいれてきた。厚生省のジェネリック比率の引き上げ政策に対応する営業戦略が効を奏し、現在は76・7％と、政府の中期目標（平成30〜同32年度までの早い時期にジェネリック比率を80％に引き上げる）にどこよりも早く近づいている。

また在宅医療実施（居宅療養管理指導）の件数が急増し、調剤薬局での同業との競合に勝つ大きな手段になっている。店舗のうち80％がこの分野での活動に力点を置く。

日本調剤（3341）

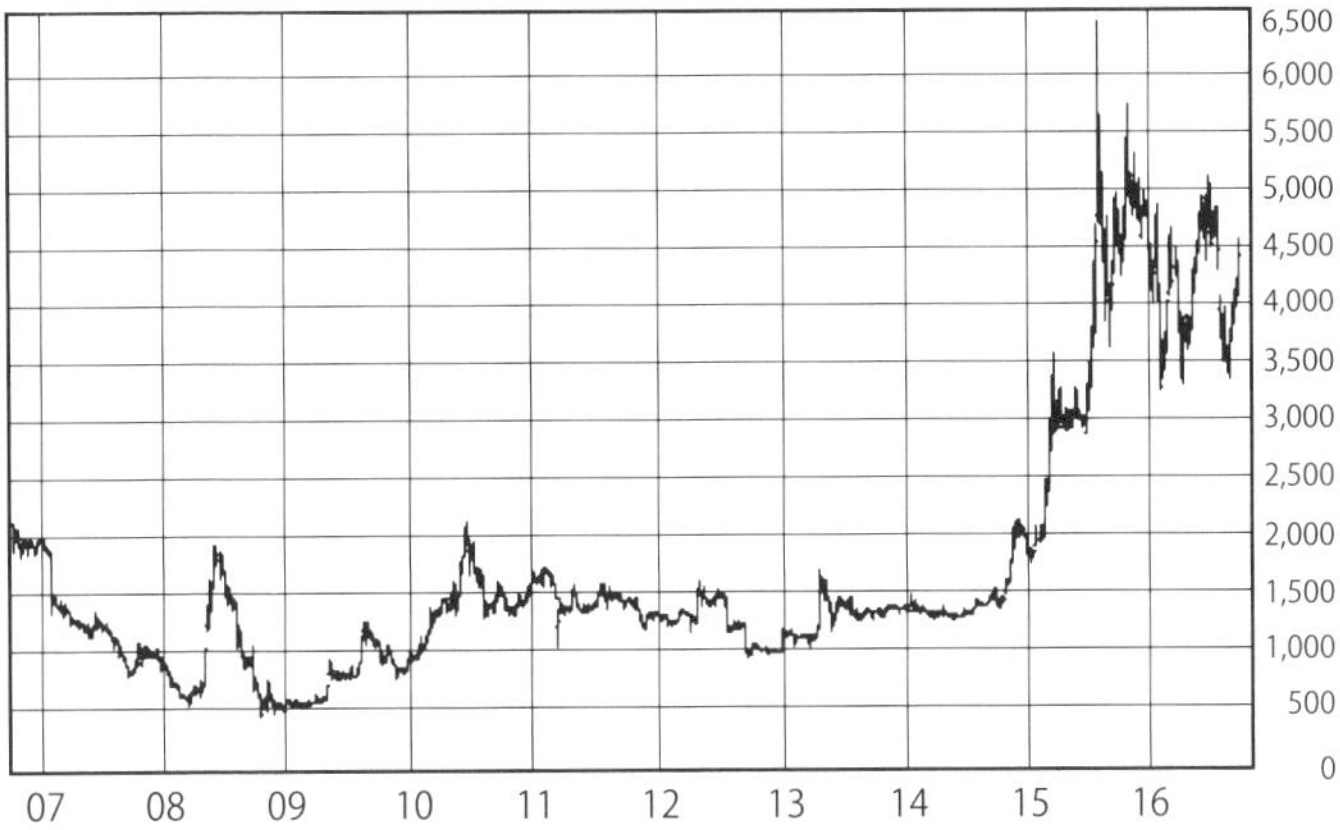

子会社の日本ジェネリック株式会社が茨城県つくば市に200億円を投資し、ジェネリック医薬品の製造工場を建設、自社製品の生産に力をいれる。一気に生産能力を6倍に引き上げる。

ヘルスケア関連の成長株として、長期的に投資できる銘柄である。

有望銘柄⑤ 塩野義製薬（4507）研究開発の成果が発揮された高収益体質

現在、自社開発の製品の売上は全体の68％（自社創薬36％、共同開発32％）と、日本の医薬品業界のなかでも高水準である。

これまでの研究開発の成果が先行き間断な

く出現し、それが高収益率（営業利益率27・5％。2016年3月期予想）を実現している。

２０１５年に大きな話題になった1日の投与で治るインフルエンザ感染症の医薬品は、日本では開発のフェーズⅢの段階に入ったが、厚生労働省「先駆け審査指定制度」が適用され、審査期間が短縮され２０１７年には申請される。

同社が感染症領域の当面の切り札にしている医薬品である。スイスのロシュ社に技術を導出し、日本、韓国、台湾を除く全世界での販売権を与えた。

理由は大型医薬品であり、「自社の販売力では到底、世界市場開拓に対応できない」として、自力での販売を放棄した。

契約一時金と、販売に応じてロイヤリティー収入が入り、これからの新薬開発の大きな原資を手に入れる。

また疼痛、神経領域のナルデメジンは新鎮痛薬で、このオピオイド鎮痛薬の市場は世界で１４８億ドル（1兆６０００億円）という大きな市場である。国内ではがん患者を対象にフェーズⅢの臨床試験に入っている。

株式市場ではあまり話題になっていないが、肥満症、悪性腫瘍の新薬で近くフェーズⅡに入る新薬がある。

塩野義製薬（4507）

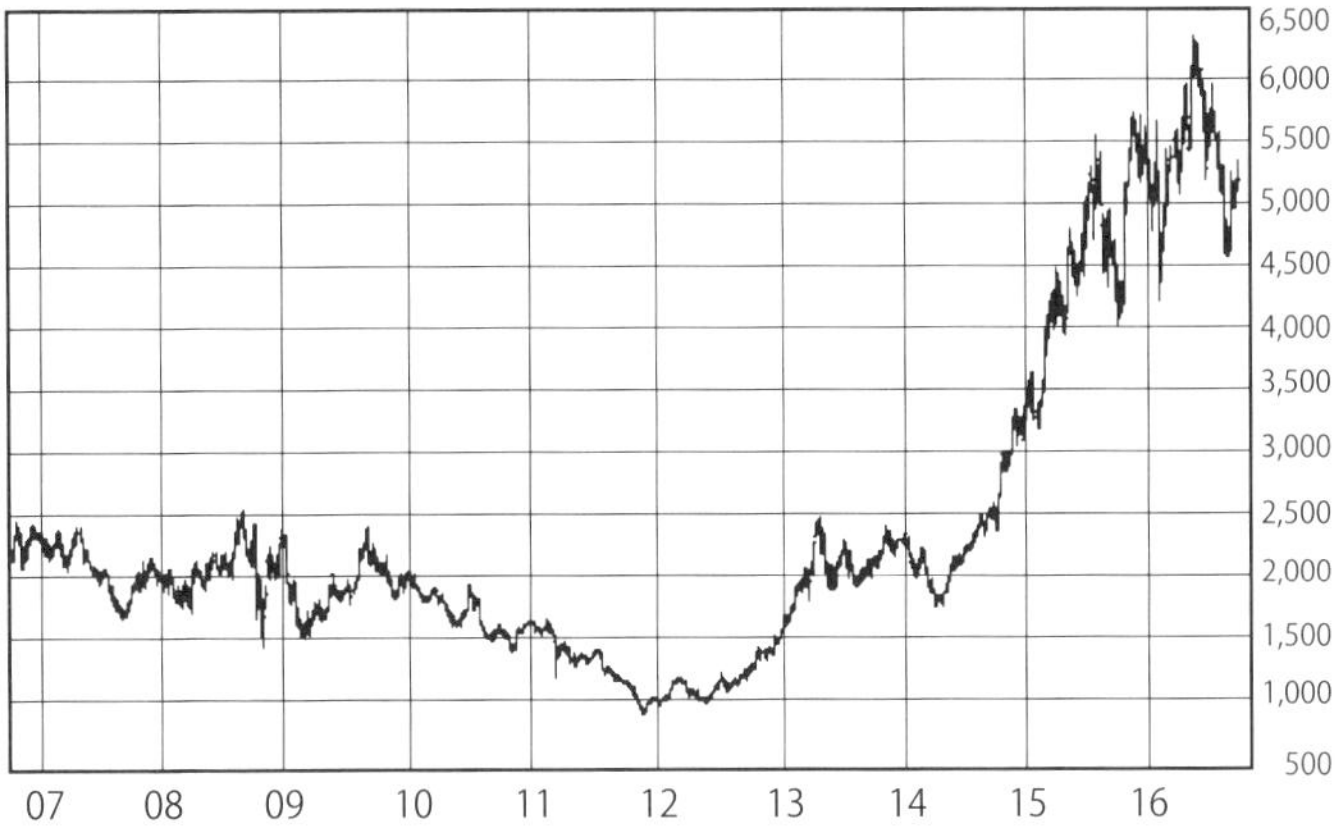

最近の「研究開発」に関しての説明会で感じたのは、小野薬品工業（４５２８）の看板製品、オプジーボのような画期的な新薬の開発はみられないが、同社の行き方は特定の領域での優位性を生かして新薬開発を進行し、成果を着実に上げているということだ。そのような企業は日本では珍しい。

有望銘柄⑥ そーせいグループ（４５６５）ベンチャー企業から世界的な医薬品会社へ

そーせいグループは２００４年に新規公開したバイオベンチャー企業である。ベンチャー企業から世界的な医薬品会社になる候補株の第一号だ。

２０１５年12月に世界大手医薬品ファイザー社が第三者割り当て増資で筆頭株主になったことで、この会社の技術開発力と成長性が確認できた。この種のベンチャー企業の有望性を評価することは、多くの情報と高い分析力がなければ不可能である。ファイザーが投資家に代わって評価した。

そーせいグループの金の卵の子会社、ヘプタレス社は２０１５年に全株式を取得した英国のバイオ企業で、Ｇタンパク質共役受容体（ＧＰＣＲ）の研究ではもっとも進んでいる企業とみられる。

現在の新薬開発のパイプラインはアルツハイマー病、認知障害、統合失調症、がん、精神障害、多動性障害、偏頭痛、糖尿病などの分野があり、いずれも市場が大きい。この分野での創薬で成功すれば、小野薬品工業が世界の医薬品業界から高い評価を受けるオプジーボ並みの成長資源になる可能性がある。

さきにも書いたようにファイザー社がそーせいグループ本体の技術力を高く評価して筆頭株主になったことは、今後の成長を見る上では大きな支援材料である。いまのところ、どの分野の創薬に注目したのかは不明だが、循環器、神経、消化器などの分野での新しい

そーせいグループ（4565）

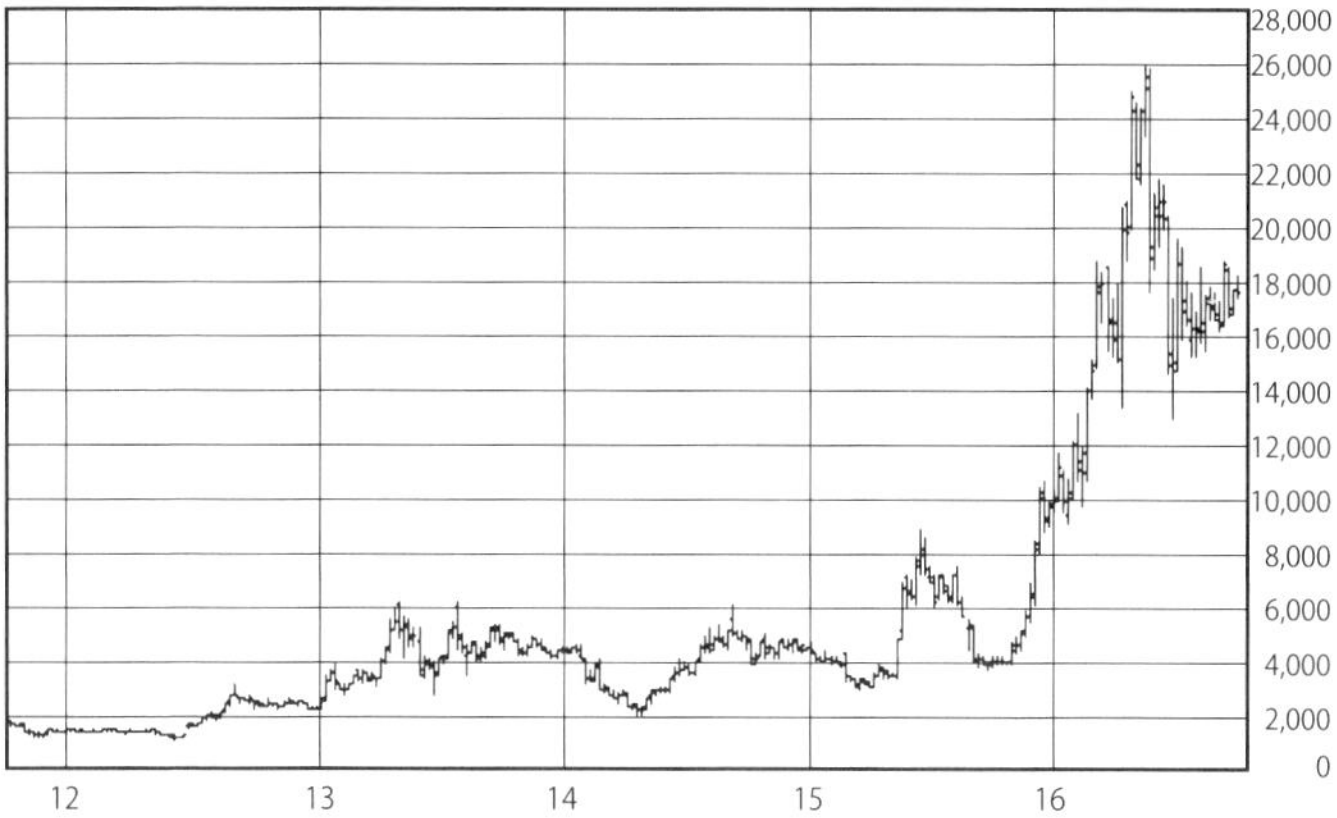

創薬に画期的な製品が生まれる可能性があるとみてよい。

このような未知数の分野に大手企業が100億円単位の資金を賭けるというのは、それだけでも技術力を評価する足掛かりになる。

足元の業績に寄与するという視点では、ノバルティス社に導出した慢性閉塞肺疾患（COPD）に基づく気道閉塞性障害の新薬が注目点である。

世界的に2億人を超える患者があり、がんと同じように人命に関わる恐ろしい病気である。世界では年間300万人以上が死亡し、2020年には死因の第三位になるという予想も出ている。

現在のCOPDの世界市場は2016年で109億4900万ドル（1兆2044億円）と大規模で、同社の今後の展開の可能性の大きさがわかる。

有望銘柄⑦

日本ペイント（4612）　海外進出で再び株式市場の主役

戦後の高度成長時代には日本経済の復興の一端を担って人気があった銘柄だが、しばらくは株式市場の主役からはずれたこともあった。

最近は再び投資家の注目度が回復してきた。2008年以降の株価の復調をみても「テンバガーの仲間入り」をした実績は注目点だ。世界的な企業への脱皮を買う。

われわれが注目を始めたのはウォーレン・バフェットがウォール街での塗料株アクサルタ・コーティングス・システムズ（AXTA）に力を入れ、大株主に躍り出たからである。この会社の歴史は古く1866年に創業され、1922年に米大手化学デュポンの傘下にはいった。長年、グループ企業の中核であったが、2014年11月にデュポンが手放し独立企業になった。待ち構えていたように動いたのがウォーレン・バフェットですぐに大株主になり9・77％の筆頭株主になった。

日本ペイント（4612）

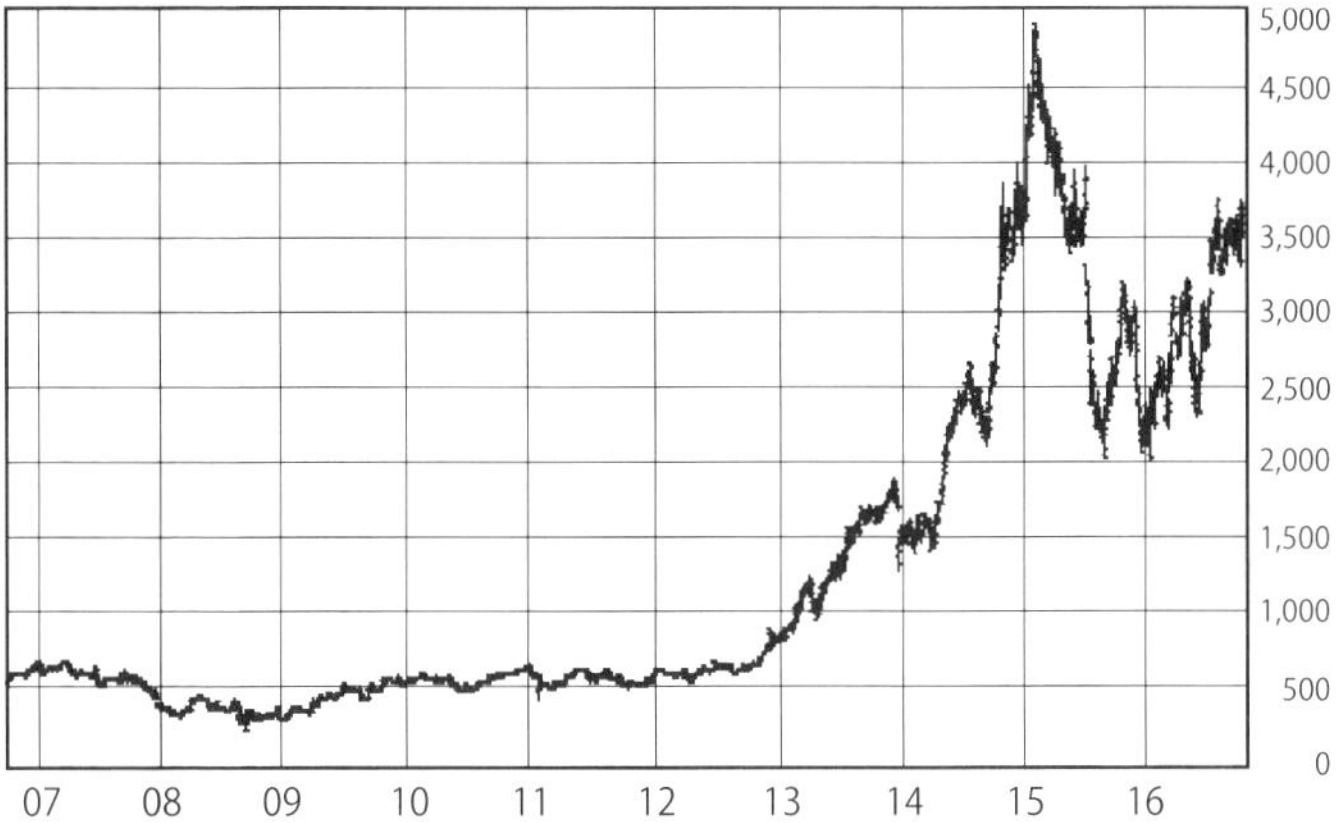

彼は２０００年に大手塗料会社ベンジャミン・ムーアーという塗料会社を傘下に収め、グループ企業にした。それだけに業界の事情についいては熟知しており、すぐれた成長分野とみている。

日本ペイントが戦後の復興期に人気があったのは経済成長とともに、塗料の需要が着実に増加したことが背景にあった。

日本ペイントの強みは海外での地盤を着実に拡大し、海外比率が70％近くになってきたことである。文字通り国際企業に躍り出た。

自動車向け、汎用塗料（戸建て住宅、マンション、高層ビル、橋梁、タンク、高速道路など）と需要分野は多岐にわたり、地域的には米国、中国、インド、ヨーロッパに力点を置くが、販売網の拡張が今後の成長のカギをにぎる。参入障壁の高い分野である。

バフェットが注力した米アクサルタは自動車向けの修理市場では50％近いシェアをもっているが、日本ペイントもこの分野で世界的に拠点を拡大している。

株価は２００８年の安値２５７円から２０１５年には４８６０円まで約18倍になりテンバガー（10倍）株になったが、将来の成長性は大きい。配当も１株当り40円以上と配当性向50％を意識した経営者の考えは高く評価できる。

有望銘柄⑧

ダイキン工業（６３６７）エアコンで世界Ｎｏ１の増収を続ける経営力

２０１０年3月期を基点にして7年間にわたり増収、増益路線を続ける経営力を市場は高く評価してきた。

また、いつのまにかエアコンで世界Ｎｏ１の地位を獲得し、今後はさらに着実な増収、増益基調を続ける可能性が高い。それを市場は高く評価している。

エアコンでは世界Ｎｏ１の企業にのし上がった。先進国では製品の普及率が高くなり国内での成長は安定期にはいったが、先進国では積極的にＭ＆Ａ戦略を打ち出しシェアを高

ダイキン工業（6367）

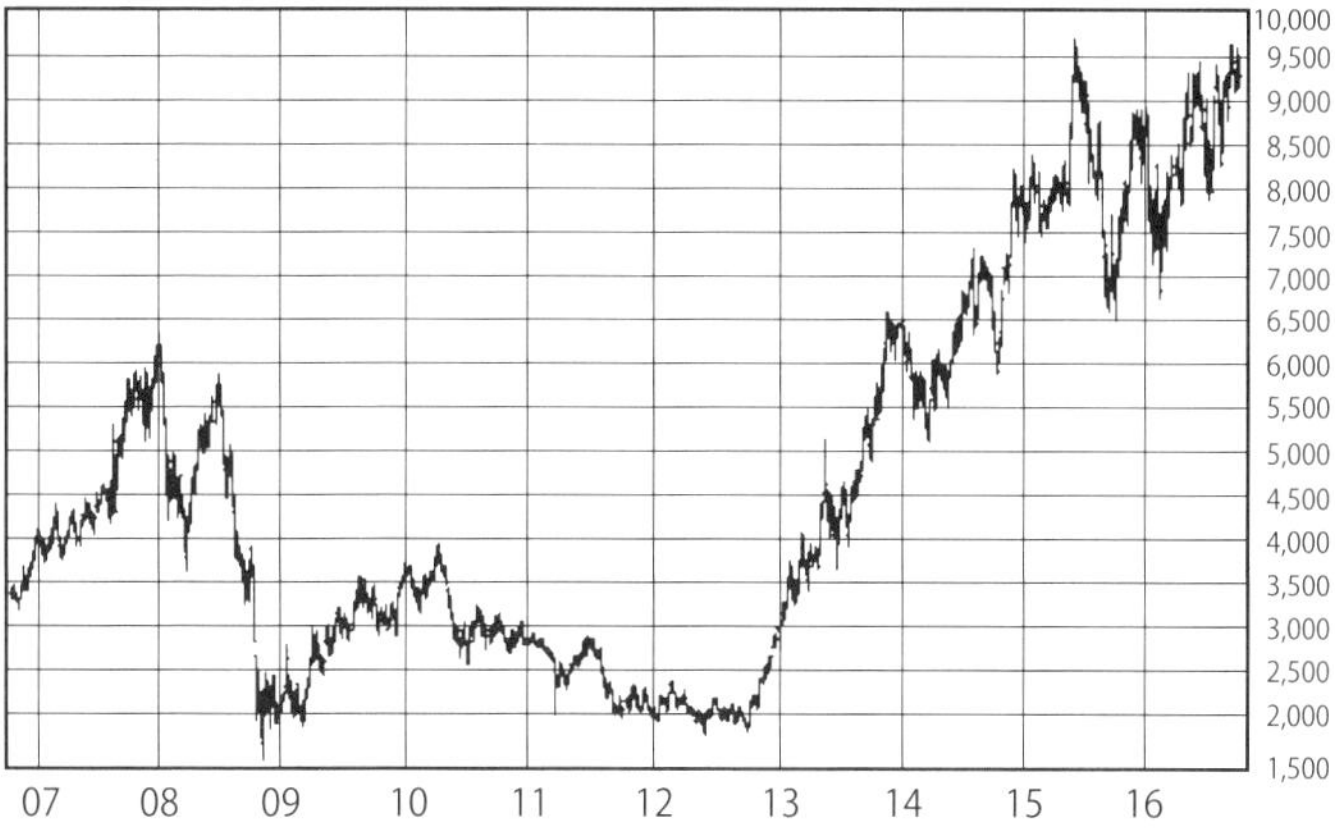

める。

２０１６年の市場別の売上計画は米州５３４０億円、日本４３００億円、中国２９００億円、ヨーロッパ２５００億円、アジア２４３０億円である。米州、日本、ヨーロッパは普及率が高水準で買い替え需要が中心で、これらの地域では今後は積極的なM&A戦略を取りシェアの拡大を図る。

売上はここ5年間で１兆２０００億円から２兆円の大台に乗った。海外売上比率は75%になり、文字通り国際企業になった。

これまでの主力のエアコン以外にはフイルター、暖房、給湯、計装、空調システム工事などエネルギーソリューション、コンテナや冷凍、冷蔵などの商業施設など新分野が成長分野として開けている。いずれも海外ではM&Aを行いビジネスの拡張を進めている。

好例は2012年に米グッドマンを買収し世界No1の地位を確保し、全体の企業規模が5年間で2倍近い成長を達成する原動力になり、営業利益率が2015年3月期には10%を超える原動力になった。

世界で先端を行く市場の米国でのM&Aの成功体験は、国際化の面で今後の成長戦略面では大きな武器になった。

世界には中国、インドなど普及率の低い膨大な市場が残されており、アジアでも東南アジアという成長性の高い国の需要が控えている。最近はベトナムで新工場の建設を決めたが、同国は年平均30%の成長の続くエアコン市場がある。アジアでもアフターサービスの拡充を図り将来の膨大な市場育成に力をいれる。日本で先行した省エネ技術の積み重ねが世界市場の開拓には大きな武器である。

これから開ける世界の大量消費社会での必需品であり、株価の安定的な成長は今後も続くだろう。ウォーレン・バフェットが好みそうな銘柄である。

有望銘柄⑨

任天堂（7974）2017年にさらに大きな飛躍の可能性

任天堂が2016年6月米国のほか、オーストラリア、ニュージーランドで待望のモバイルゲーム第二弾を出した。リリース後、わずか5時間でモバイル分野での世界トップの人気ゲームの座を獲得した。配信は、アップルOS APP Storeとグーグル・プレイ。

これまで開発に力を入れてきた拡張現実（オーグメンテッド・リアリティ）の技術を駆使したもので「ポケモンGO」（Pokemon GO）というタイトル。同社の人気ソフトをベースにしたものだ。

開発したのは昨年、任天堂、ゲーム企画会社ポケモン、米グーグルが共同で2000万ドル出資した「ナイアンティック」（米カリフォルニア州）で、元はグーグルの社内ベンチャーの一つであった。

制作は関連会社「ポケモン社」で任天堂が大株主の会社。2015年に亡くなった前岩田社長がしばしばモバイルへの進出に当たっては〝任天堂らしい製品〟をだすと口にしていたが、「ポケモン社」に故岩田社長が開発段階で肩入れした製品だ。

どこよりも早くから研究、開発に取り組んできた拡張現実を売り物にした。既存のモバイルゲーム企業には真似のできない製品である。今後のモバイル分野での、第一号の成功体験を基に新世界を開拓する。2017年春には久しぶりに据置型ゲーム機器を出し、モバイルと含めて大きな飛躍期を迎える。

新ソフト「ポケモンGO」は米国でスタートし即座に爆発的な人気を呼び、サーバーがパンクしてしまった。リリース開始後、5時間で世界No1のランキングに躍り出るという超人気であった。会社の読みをはるかに上回るユーザーの参入があった。

この分野で1本500億円の製品を連発し、再び存在感を高める可能性がでてきた。2016年10月、アップル（AAPL）のティム・クックが任天堂を訪問した。アップルの経営者になってから初めての訪日である。

任天堂本社で12月リリースのスマホ・ゲーム「スーパーマリオ・ラン」をアイフォンで楽しむクックの映像がネットで放映された。横にはマリオ生みの親の宮本専務が笑顔で立っている。任天堂の本社に世界最大企業アップルの経営者が訪問するのは異例のことである。その日、任天堂の株価は急騰し一時は670円高（＋2.5％）になった。ティム・クックの任天堂本社での1時間滞在の威力はさすがである。株価は12月の新ゲーム発売の人気

任天堂（7974）

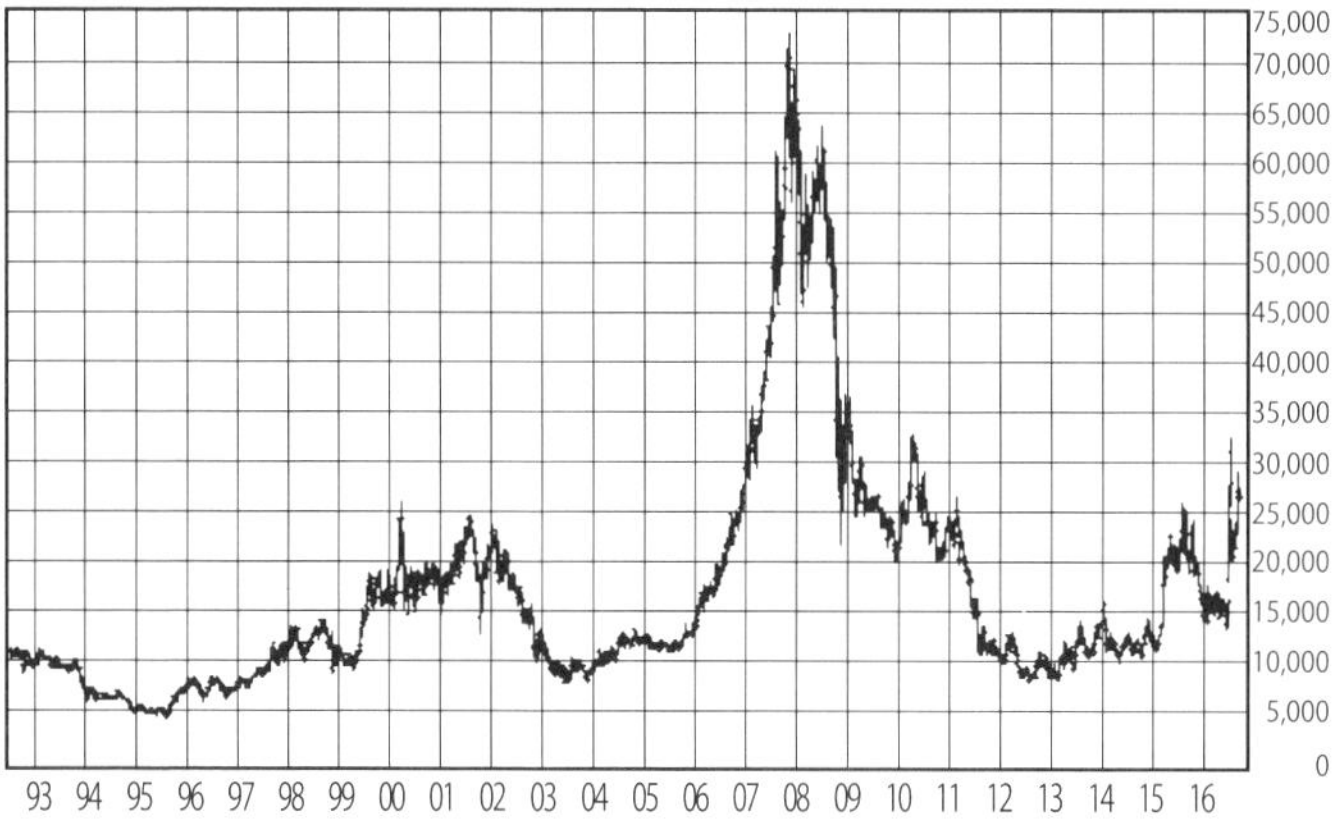

のすごさを誇示した。

アップルのクックの訪問のあと、２０１７年3月に発売予定の新製品「ニンテンドースイッチ」の紹介ビデオを公開した。据え置き型、携帯型の両方に利用できる２０１２年のWiiU 以来の期待の製品である。看板ゲームの「ゼルダの伝説」、「マリオカート」がソフトとして予定された。久しぶりの大型製品で特に海外の評価が高い。

安全マージンは下値不安の少ないケース

ウォール街でいわれる株価判断の尺度の一つに「安全マージン」がある。企業に投資した場合に下値不安の少ないケースを「安全マージン」が高いといわれる。絶対的な基準ではないが一つの指標としては、株価純資産倍率の低い銘柄は安全マージン率が高いといわれる。

株価純資産倍率は株価を1株当り純資産で割ったものである。安全マージンの高い企業もあげておこう。

（注）株価純資産倍率＝株価÷1株当り純資産
日経平均株価の株価純資産倍率は1・10倍で採用銘柄225社の株価は1株当り純資産にほぼ等しい。大雑把な表現だが簿価でみた解散価値に等しい。ウォーレン・バフェットの投資理論の先生であるベンジャミン・グレアムはこの指標を重要視した。絶対的な基準でないにしても合理性のある尺度である。

高安全マージン銘柄①

明治ホールディングス（2269）ヨーグルトが利益成長の原動力

2016年3月期の決算時（2016年5月）に長期経営計画を発表した。それによると2020年度（2021年3月期）の営業利益の目標を640億円、ROEを8％以上という経営目標を公表したが、2016年3月期の実績では営業利益777億円、ROE16・1％とわずか1年間で達成した。

もともと見通しが控え目であったにしても、長期経営計画を1年で達成するというのは、見通しの慎重さだけでは説明のできない大きな事業環境の変化と、同社の製品の成長力の強さがある。

1年前の2016年3月期の見通しは次の通りであった。

●売上1兆1940億円（＋2・8％）、営業利益520億円（＋0・9％）、経常利益523億円（▲2・4％）、当期純利益417億円（＋35・0％）

四半期が終わると業績の増額修正が行われ2016年3月期の実績の数字は下記のようになった。

●売上1兆2237億4600万円（＋5・4％）、営業利益777億8100万円（＋50・9％）、経常利益818億2600万円（＋52・7％）、当期純利益625億8000万円（＋102・6％）

ここで注目されるのは限界利益率（売上げ増加分の利益率）が41％と製造業では類例の少ない高収益率であることだ。

売上は食品86・5％と医薬品13・5％の2本柱である。このうち食品はプロバイオ／ヨーグルトが1899億円（食品の17・8％）、チョコレート956億円（同9％）、栄養事業971億円（同9・1％）の3本柱の合計が食品の35・9％と3分の1である。

このなかでも同社の得意とするプロバイオ／ヨーグルトが利益成長の原動力になり、日本のヨーグルト市場を牽引している。

その商品性に他社が追随できないという競争力があり、現在の成長の原動力になっている。このすぐれた商品イメージを築き健康志向の波に乗り成長分野を開拓してきた。このイメージの価値はとてつもなく大きい。今後、開発していく新商品の世間の評価に寄与する。安全マージンが高いと見るのはこの点である。

２０１５年５月を基点して１年間で株価は50％以上、上がった。

高安全マージン銘柄②
ぐるなび（２４４０）外国語版の拡大でインバウンド需要も加わる

２０００年初めからインターネットは旅行、レストランとは相性が良いビジネスモデルといわれ関連銘柄の株価は順調に上昇してきた。

ぐるなびが、これまで潜在化されていた成長力が認められるまでは時間を要したが、最近は市場での認識度が高まりインターネット関連として人気度が高まった。

レストランの予約システムをオンライン上で運営するが、飲食店の有料会員数がスマー

ぐるなび（2440）

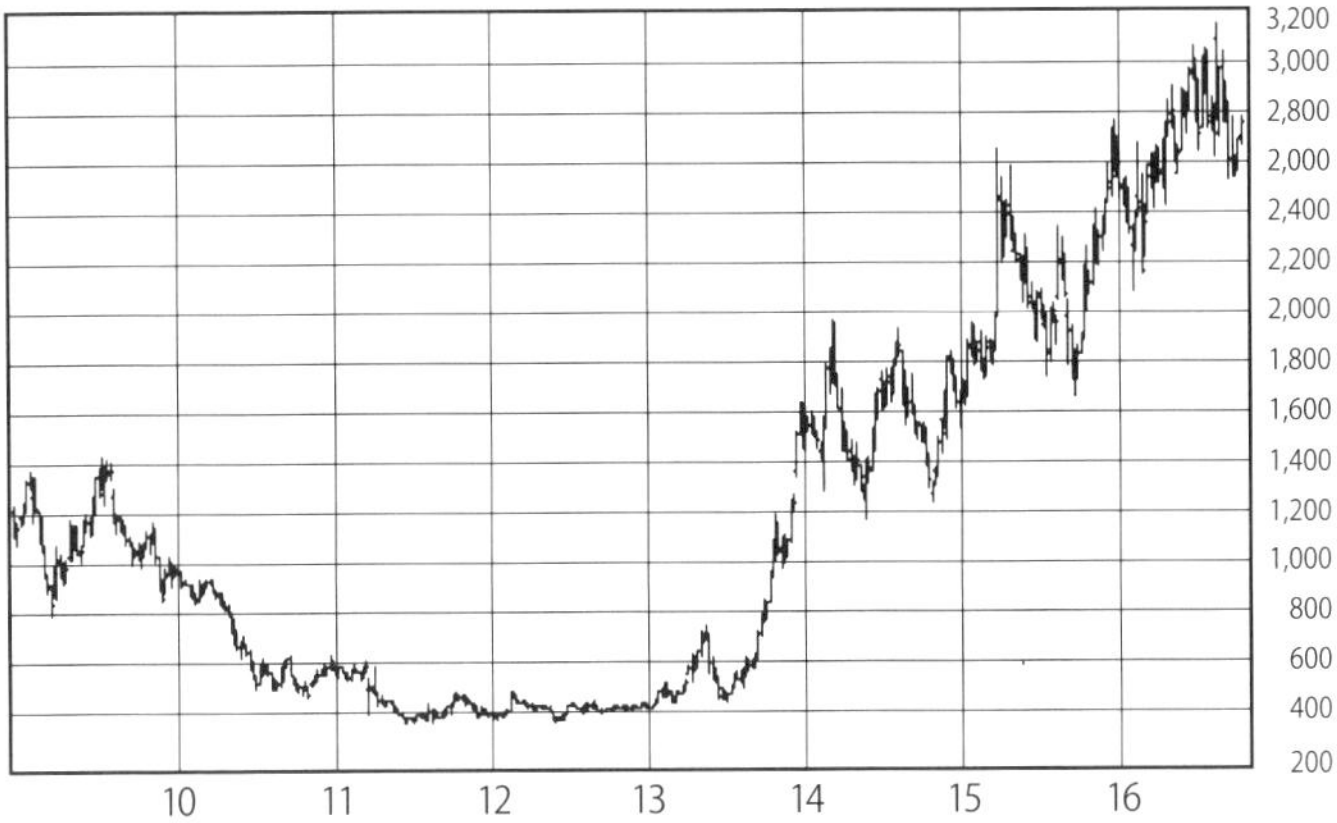

トフォンの普及とともに増加し、毎年、定期的に会費が入り典型的なストックビジネスになった。営業利益率が15%を超え、20%台も視界にはいってきた。

訪日外人向けぐるなび外国語版の拡大でインバウンド需要も加わって成長率にはずみがつく。ウォール街での人気銘柄の旅行商品サイトである米トリップアドバイザーのサイトで日本国内の飲食店の情報が閲覧・検索でき、一方、外国情報がぐるなびのサイトで利用できる協業が成立した。海外にも市場が開けてきたのは、今後の成長をみる上で大きなプラスである。

景気に左右されない安全マージンの安定した銘柄である。

高安全マージン銘柄③

農業総合研究所(3541) 生産者が売れ残りリスクを負担する委託販売システムで流通革命

2016年6月にIPO価格1050円で公開し初値1870円をつけた後、7月には7460円まで短期間に大幅な上昇をした。JA農協(全国農業共同組合)を通さずに、農家と直接取引してスーパー、量販店の間に立って農産物の流通の仲介をする卸売業である。主要取引先はスーパーではイオン、イズミヤ、いなげや、小田急商事、ダイエー、東急ストア、ヤオコー、ヨークベニマルなど680店舗で、関東圏、関西圏、中京圏で、全国スーパーの3・9%と取引している。まだその比率が低く割合を上げる余地は大きい。

農家との取引は委託販売(全社比80・1%)、買取委託(同13・1%)、卸販売(同6・9%)である。委託販売では直販コーナーをスーパー内に設置し、農家から同社の委託集荷場に持ち込まれた農産物を出荷する。現在は利益率が一番大きい。

買取委託は同社が直接買い取りスーパーの新規開店や朝の特販向けに出荷する。売れ残りのリスクは同社が負担する。農家には売れ残りリスクがないので仕入れ価格は抑える。

農業総合研究所（3541）

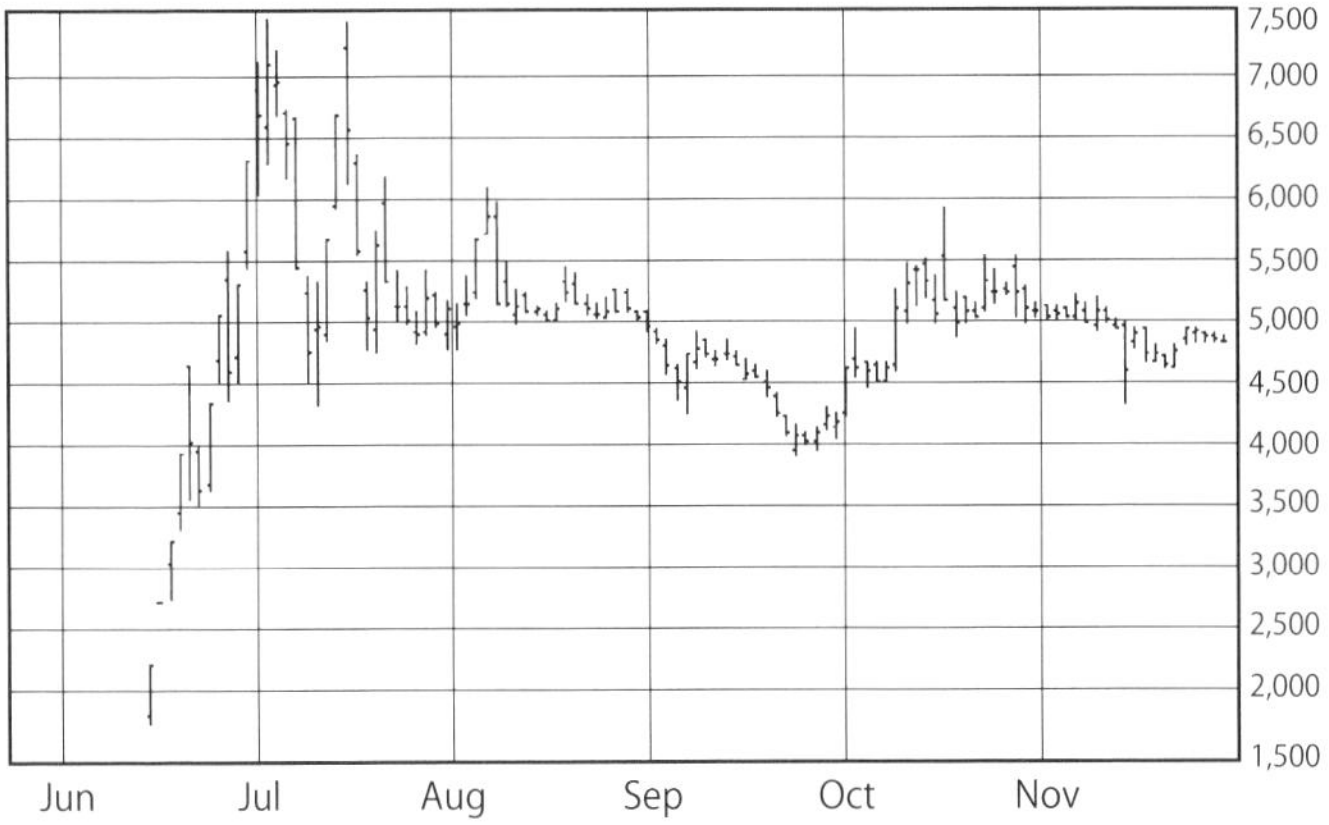

卸販売はスーパーのＰＢ（プライベートブランド）商品向けの商品で、農家からは同社が買い取る。

この三つの販売ルートがあるが利益率が高いのは、生産者が売れ残りリスクを負担する委託販売システムで、同社が流通革命を起こしている部門である。

農家にとって取引メリットはＪＡ農協を通して販売するより事実上の直販体制であるため、売れ残りのリスク管理をうまくやれば収益性の高い取引になり、消費者には農家が出荷した翌日には購入できるので、新鮮な野菜などの農産物が味わえる魅力がある。

今回の決算発表時にＮＴＴドコモと業務提携しタブレットを利用して栽培履歴、生産品目、出荷量を入力し、スーパーマーケットはナマの販売情報や必要な農産物の量などを入力し生産者との関係を深めるシステムをつくり上げた。これまでのＪＡ農協との取引で得られなかった情報のやり取りを行う。

最近のアジアでの日本食ブームに注目して日本産の農産物の輸出にも本格的に参入し、事業分野を拡大する。

２０１６年８月期の決算を事前の予想と比べてみよう（カッコ内の増加率は前々期比）。

●売上10億５１００万円→11億９５００万円（＋35・２％）、営業利益１億４９００万円→１億５６００万円（＋２５１・１％）、経常利益１億５５００万円→１億６２００万円（＋２６２・４％）、当期純利益１億円→１億７００万円（＋１０６・４％）

２０１７年８月期の予想は次の通り。

●売上15億６０００万円（＋30・６％）、営業利益１億７０００万円（＋８・６％）、経常利益１億６９００万円（＋４・０％）、当期純利益１億９００万円（＋１・９％）

売上増に比べて営業利益の増加率が＋８・６％と落ちるが成長戦略のための販売管理費３億４０００万円のうち１億円を人件費増の予算枠に当てる。この成長戦略がなければ営業利益は70％増になる計算である。

２０１８年8月期の中期計画では営業利益は2億５０００万円と２０１７年8月期より＋47％を見込み、さらに２０１９年8月期は40％増の3億５０００万円を見込み利益の増加率を引き上げる。成長の可能性は高い。

高安全マージン銘柄④
小林製薬（４９６７）　新製品全体の売上比率の目標を10％に置いている

小林製薬の会社の理念は、「〝あったらいいな〟をカタチにする」という言葉である。これが新商品開発のスタート台である。わかりやすい言葉だが実行するとなると簡単ではない。

例えば、傷あと改善薬「アットノン」は後発ながら先発企業を押しのけシェアは95％、水洗トイレ用芳香洗浄剤は競争が激しかったが現在は同73％、コンタクトレンズ向け洗眼薬「アイボン」は同66％、額用冷却シート「熱さまシート」は同56％、芳香消臭剤「消臭元」は同30％と、日常どこにでも目につくところで活躍している。大手のメーカーが見落としてきた市場でシェアを獲得して成長を続けてきた。

同社のビジネスモデルは、「世の中にない新製品をスピード開発し、わかりやすくお客に伝え、すばやく新市場を牽引する」ことである。どの企業でも一度は頭に浮かぶ戦略だが、わかっていてもなかなか実現できないことを有言実行してきた。

戦略にしているのはニッチマーケットで、「新しいコンセプト」「スピード開発」「わかりやすいネーミング」「わかりやすいパッケージ」「わかりやすい広告・店頭展示」をニッチマーケティングと呼んで実行してきたのが成功につながった。

スーパーやホームセンターの店舗の棚には薬の製品が大きなスペースを陣取りしている。これまでのヒット製品に安住することなく、新製品全体の売上比率の目標を10％に置いている。

社名には製薬という文字があるが、一般の製薬会社のように先端的な研究開発と技術力に研究者を投入し新薬開発で大黒柱を追求するのではなく、一般医薬品や日用品の新商品開発に人材を投入し品目をふやし、新しいアイディアが生まれると時間を掛けずに製品開発に全力を上げる。生まれたアイディアで商品開発し経営学でいうＰＤＣＡ（計画plan→実行do→評価check→改善action）サイクルを回し続け、新製品の育成を続ける。極めて単純明快だが、合理的な経営である。

新製品導入後は半年に3回の店頭消化の山をつくり、市場性のある有望製品かどうかの

小林製薬（4967）

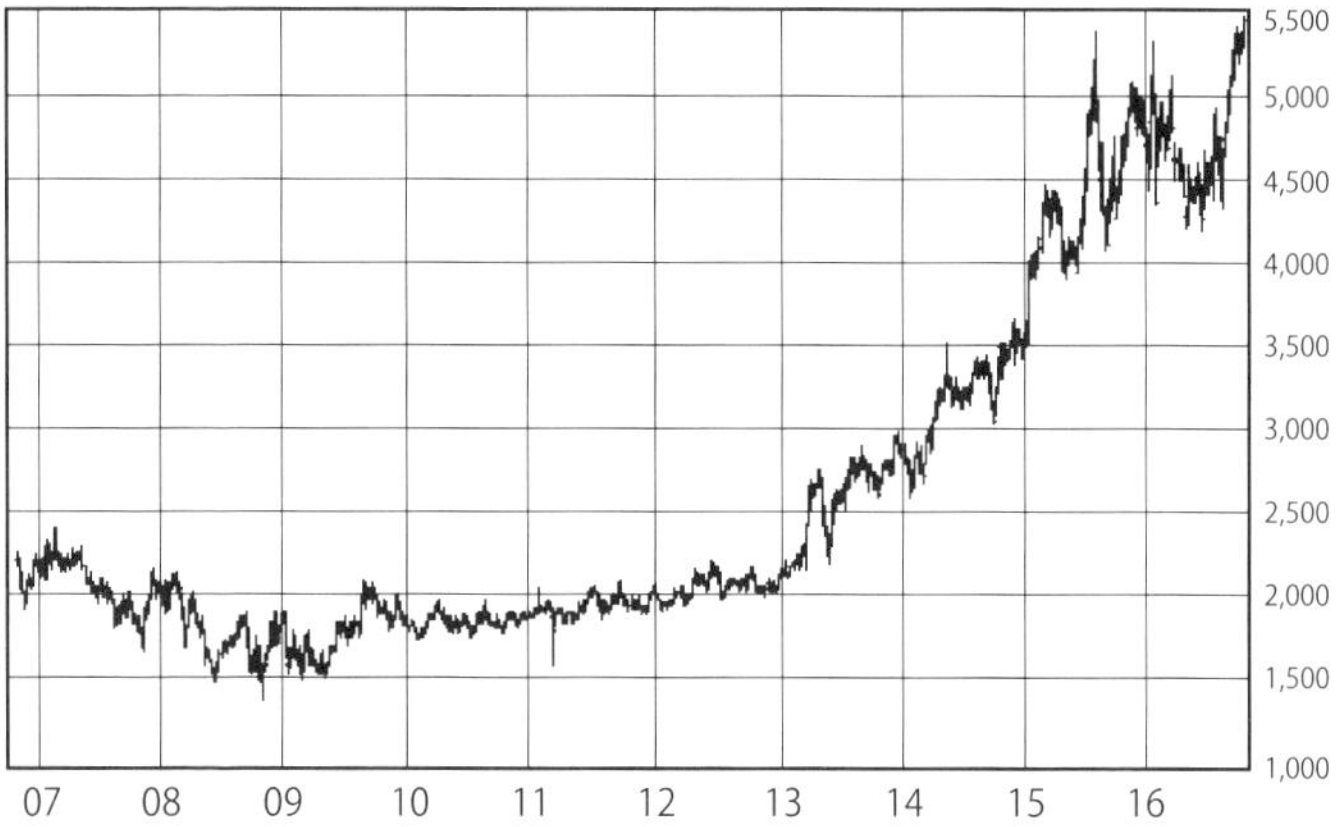

追跡を行う。これまでの実績では毎年２～４品の市場に定着する製品が生まれてきた。ＰＤＣＡのサイクルが止まったときが停滞のときである。

このところＭ＆Ａに積極的で、これまで桐灰化学、杜仲茶、命の母、アロエ製薬、六陽製薬、七ふく、紅麹事業などの会社を買収し新商品の開発力に加えてきた。

研究開発部門では薬用植物、有用微生物の収集を行い酵素・免疫分野での製品開発に力点を置く。そして高機能ヘルスケア新製品につなげる。

決算期を２０１６年から12月期へ変更することを決めたが、先に２０１６年4月～9月の６ヵ月の決算を発表した。これまでの予想見通しを上回った。２０１６年９月期の実績と予想は次の通り（見通し→実績）。

●売上７３０億円→７４３億円（前年比＋16・８％）、営業利益１０６億円→１１８億円（同＋25・７％）、経常利益１０６億円→１１６億円（同＋26・２％）、純利益70億円→81億円（同＋34・６％）

２０１６年12月期（決算期を３月から12月期に変更）は６ヵ月間で増額修正を２回行ったが成長に弾みがついてきている。国内の家庭用品が伸びたほかインバウンド（訪日外人向け）のうち中国人の買いが目立った。ブランド名が定着してきている。２０１６年８月には自己資金80億円で自社株買いを決定し株主還元率を高めた。消費関連の有望株として注目。

高安全マージン銘柄⑤

良品計画（７４５３）中国での成長理由はシンプルなデザイン

日本株を代表する消費関連銘柄で、米国でいえばナイキ、スターバックスというアメリカが誇る世界的なブランド力のある企業に育つ可能性がでてきた。

この２社はリーマンショック後の米国消費景気に左右されず地球全体を相手にして成長

良品計画（7453）

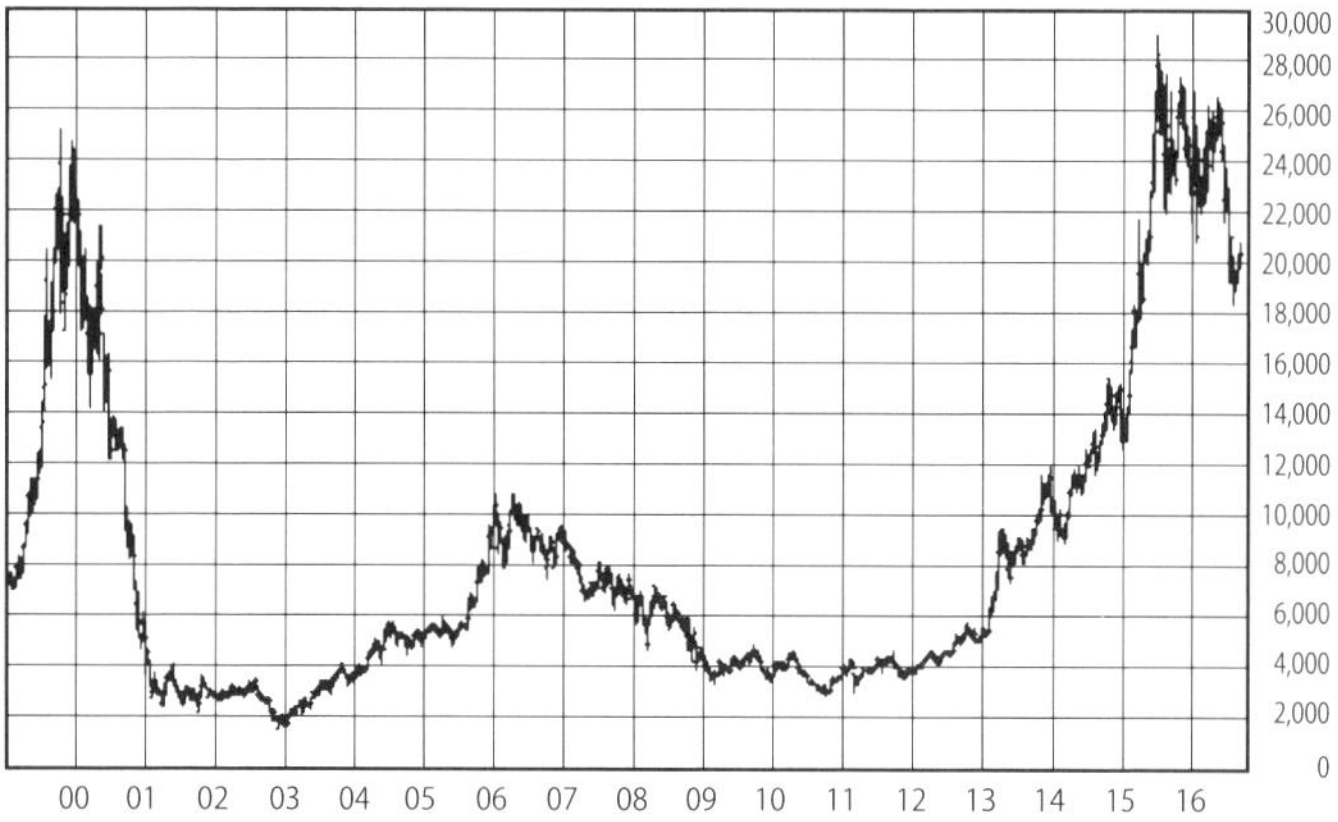

し、２０１５年の中国経済の不振下でも、同国でのビジネスが絶好調で、「中国景気が不振という実感がまったくない」と首脳陣の発言が目立つが、良品計画についても同じことがいえる。中国、東アジアに投資を続けるほか、インドへも２０１６年に進出。

安全マージンの判断となる指標はＰＥＲ29倍、ＰＢＲ４・８倍、ＲＯＥ15・８％、営業利益率10％台でユニクロのファーストリテイリングを上回る。

中国とインドという世界の大国で今後は成長戦略を積極的に展開するだけに、成長面での裏付けもある。

株価の動きをみると２０１２年＋28％、２０１３年２・３倍、２０１４年＋30％、

2015年+65%と、アベノミクス相場が挫折した2015年も株価の上昇はむしろ加速した。

中国での成長理由は日本のシンプルなデザインが消費者を引き付けたこと。2016年末の店舗数は国内429店、海外403店と国内を追い抜くのは時間の問題になってきた。

今後とも売上の成長率が2桁台以上を続けるだろう。

安全マージンの高い点をさらに追加するなら会社の企業情報の開示姿勢がずば抜けてよいことである。外人投資家の間ではこの点でもきわめて評価が高い。

高安全マージン銘柄⑥

JR東海(9022) 民営化で最も成功し安定感が抜群

投資判断の尺度をみるとPER10倍、PBR1・63倍、ROE14・5%と、どれをとっても安全マージンが高い。問題があるとすれば配当が1株当り予想で130円なので配当利回りは0・67%と市場平均の1・86%に比べて大きく下回る。

利益の成長は大きくは期待できないが、業績の安定度は極めて高い。日本の輸送の大動脈を担う役割は大きく、それに民営化で最も成功した事例である。日本の鉄道が世界に誇

KDDI（9433）

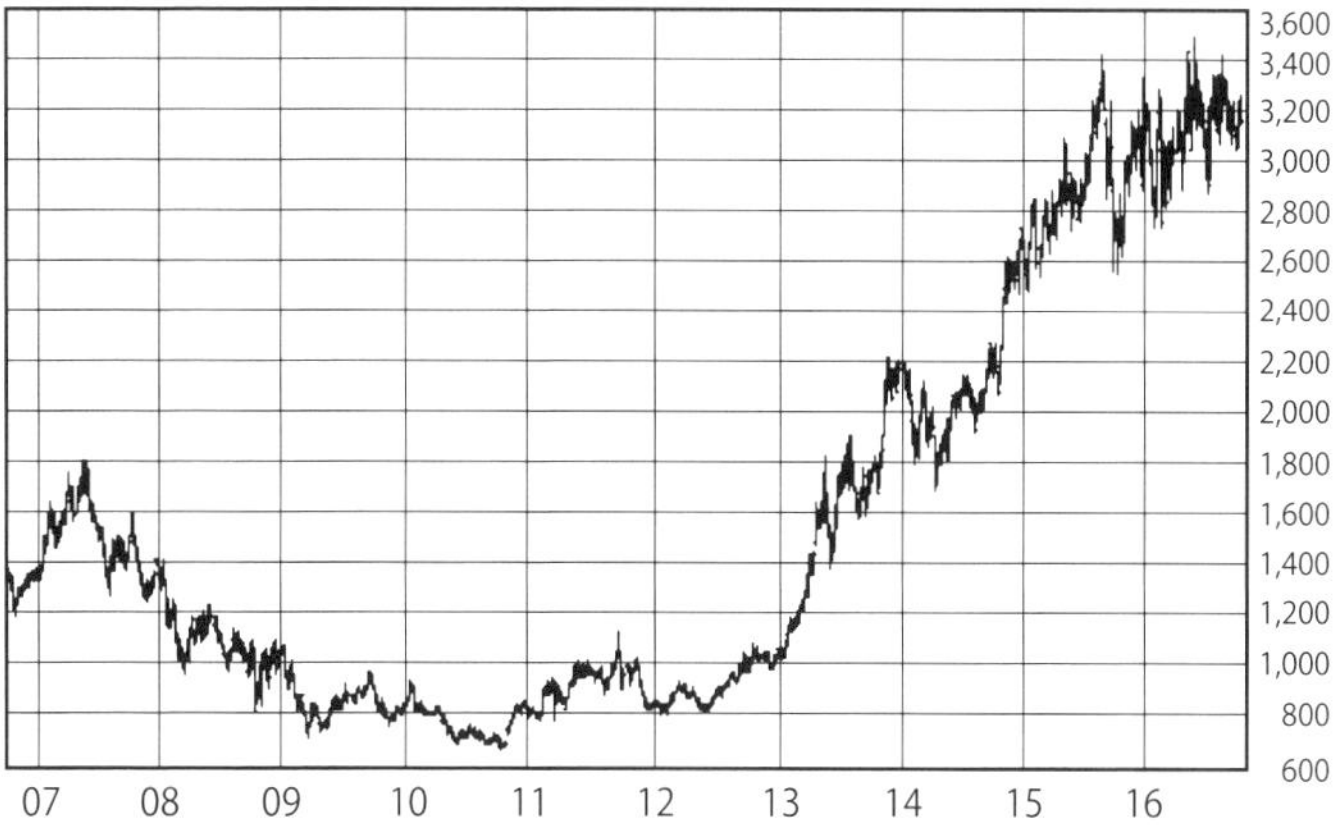

れるのは高い安定性の輸送を確保してきた実績と、新幹線では平均遅延時分が2016年3月期で0・2分と安定していることだ。

先行き中央新幹線の計画が名古屋までは路線が固まった。初年度の2017年3月期は1130億円と前年の投資額の4倍近くになるが、大動脈でのスピードは大きく速まり、経済効果を生み出すことは確実である。

株価は2013年初めから2年で3倍になりJR東海への人気は大きく好転したが、このような大きな株価の上昇率は、今後は期待できないにしても、安全性マージンの高い銘柄としての人気が続く。

高安全マージン銘柄⑦

KDDI(9433) 外人投資家に人気の安全マージンが高い銘柄

外人投資家の間ではソフトバンクと並んで人気のある通信関連である。外人持ち株比率は38・5%とソフトバンクの43・4%に迫る。同じようなビジネスモデルのNTTドコモの外人持ち株比率は14%と3分の1である。

売上ではNTTドコモとの差をつめ、営業利益では2015年3月期に上回ったあと、2016年3月期も上回った。成長のモメンタムはNTTドコモより強く、これからは一段と差を広げていくだろう。

国内だけでなく、海外戦略でもソフトバンクとは異なり自前で拡大していく。ソフトバンクのスプリントのケースのように、本業の足を引っ張る材料がない。

PER15倍、PBR2・36倍、ROE15・1%と、どの指標をとっても安全マージンは高い。先行きの収益力に自信がついたので2017年3月期から配当性向を30%から35・4%に引き上げた。それが終着駅でなく、今後も段階的に引き上げていくことを期待してよい。

これまでの株価のパフォーマンスをみても2012年＋23％、2013年＋2・1倍、2014年＋18％、2015年＋23％と安定的に上昇してきた。株価は安全マージンの高いことを織り込んだ。

安全マージンの高い代表的な銘柄である。

これまでにあげた銘柄は目先の材料で選んだのではない

有望株の発掘の実践編は二つのセクションに分けた。本書で世界の投資家の成功例から、外人投資家が銘柄の選択に成功してきた手法を適用し「有望株」と「安全マージンが高い株」と二つに分類した。

世間の株式投資で取り上げられている銘柄とは一味異なる銘柄が多い。この両グループに共通しているのは単なる、そのときどきの目先の材料で選んだのではなく、ウォーレン・バフェット、ピーター・リンチ、ビル・ミラーという20世紀が生んだ3人の偉大な投資家の銘柄選択の手法が利用されている。なかには銘柄を聞いただけでは一般の投資家にはその企業の内容についてピンとこないものも含まれているかもしれない。本章の最後に、まとめの意味でコメントを加えておこう。

寿スピリッツ（２２２２）は東京駅の駅中の販売店で年中、行列ができていることに注目した。同社の看板商品「メープルバタークッキー」の人気である。外見はなんでもないお菓子だが、食べてみると一言で表現ができないおいしさがある。不思議なお菓子である。年齢層に関係なく広く受けている。業績を詳しく調べると今後の成長に確信が持てる会社である。天下の明治ホールディングス（２２６５）から不振の洋菓子部門を買い取り成長戦略の一つにした。

エムスリー（２４１３）は２００４年の新興市場の新規公開株ブームのときにソネット・エムスリーの社名で公開された。当時はソニーの子会社ソニーコミュニケーションが74・7％を保有する会社であった。いわば孫会社に当たるがソニー・グループということもあり人気づいた。インターネット上で医療専門サイトを運営する当時は珍しい企業であったが、その後、ソニーが持ち株比率を39・3％まで落とした。ソニーというブランド力が医師向けの情報サイトとして人気を呼んだが、経営面ではソニー色が薄れM＆A戦略で治験分野に進出し、この分野でも独立系としてNo１のクラスになった。

最近は欧米での医療サイトの拡大に力点をおき、国際企業としての成長の基盤をつくるのに成功した。株価のトレンドをみても安心して保有できる成長株である。

アリアケジャパン（２８４５）は日本人が得意とする「味の文化」を生かし天然調味料

で着実に成長しているのに注目した。派手さはないが、今後は国内から海外での活躍の場を広げる。先行き無限に近い市場をもつ存在である。

日本調剤（3341）は調剤薬局で国の財政負担を軽減させるジェネリック（後発品）薬品のビジネスに加えて、自らも製薬部門に乗り出し成功している。株価は地味な存在であるが成長力の高い企業で、有望株のなかでもっともPERの低い割安株である。

塩野義製薬（4507）は日本の大手製薬企業が再編成され、合併して規模の利益を追求しているが、同社は武田薬品（4502）、小野薬品（4528）と並んで独立独歩で成長路線を歩み、バイオ創薬の時代にはいってもこれまでの優れた研究開発の技術を発揮して、海外の大手医薬品会社と互角に戦う。

そーせいG（4565）は独立系の日本を代表するバイオ関連企業である。これから日本のバイオベンチャー企業が進むべき道をいち早く実践してきた成長企業である。日本のバイオベンチャーとして世界で活躍できる模範的な存在である。2015年～2016年が株価の人気のピークであったが、日本のバイオ株を語るときは外して論じることはできない。

日本ペイント（4612）はバフェットが教えてくれたアイディアがヒントになった。

日本では塗料業界は戦後の早い段階から成長路線に乗ってきた。私が新聞社で証券記者としてこの会社を担当したときから人気があった。ひところは一時的に人気の圏外に落ちたが、最近は成長銘柄として復活してきた。世界の文明の発達のなかで塗料は隠れた成長分野という位置づけをしたい。

ダイキン（6367）にも日本ペイントと同じようなことがいえる。私が記者時代に担当した企業で、その会社がここまで育ったのは感無量である。エアコンは世界文明の発達とともに、社会の必需品になったが世界人口60億時代にはいって、その市場はまだまだ拡大を続ける。そのような視点でエアコン市場を再評価したい。特に最近は相場の変動とともに全天候型の人気をもつようになってきた。

任天堂（7974）には好不況の明確なゲームサイクルがあり、株価はときとして上下変動が大きい。新興諸国の台頭で世界的にみて普及の余地はまだまだ大きい。その市場で日本のアニメ文化が、米国のディズニーと並んで今後も成長を続ける。本書の出版のときは新サイクルの上昇期と重なった。

安全マージンに移ろう。バフェットが重要視する指標の一つである。

国債と異なり株式にはリスクが伴う。リスクを軽減するには安全マージンの高い銘柄に注目することである。

明治ホールディングス（２２６９）を代表例の一つに入れた。典型的な消費関連だが、いまや大黒柱のヨーグルトが消費景気の変動に関係なく需要が伸びている。この会社の強みは「ヨーグルトといえば明治」とでもいえるブランドイメージである。余程のことがない限りこのブランドイメージは崩れない。

ぐるなび（２４４０）は外食を利用する場合の情報を提供する必要な手段をつくり上げた。これまでつくり上げた情報網は、後発の競争企業にとって追いつくのはなかなか難しい。今後も成長性は約束され、安全マージン率は高い。

農業総合研究所（３５４１）は２０１６年６月に新規公開した。農家がスーパーや量販店を通じ消費者に直接販売する仲介役。いままでＪＡ農協が独占してきた流通に風穴をあけ、農家の新鮮な野菜を出荷２日目に店頭に並べる。流通革命である。

小林製薬（４９６７）は社名には製薬がつくが一般の医薬品とは異なり日用品や薬局の店頭に並ぶ一般医薬品のメーカーで、間断なく新製品を開発販売する。消費関連の分野が多い。業績は景気には影響されず、新製品の人気度が成長を左右する。

良品計画（７４５３）は日本が生んだウォールマートのような文化である。これまで築いてきたブランドイメージはなかなか競争相手には崩せない。安全マージンを考える場合のモデル的な存在である。

ＪＲ東海（９０２２）のビジネスは競争相手が出現して侵食することができない。これまで築いてきた営業資産の安全マージン率は高い。鉄道という国の動脈的な存在の価値はバフェットがいちばんよく知っている。

ＫＤＤＩ（９４３３）は6年で株価は6倍になった。株価の上昇率が高いだけでなく、安全マージン率をみるとその指標はＰＥＲ15倍、ＲＯＥ16％で株価に魅力があるのは十分に納得できる。

偉大な投資家から学んだ銘柄選択の手法が、みなさんの投資の参考になれば幸甚である。

おわりに

２０１３年３月、黒田東彦アジア開発銀行総裁が新しく日銀総裁に就任した。安倍政権のブレーンの人選を受け入れたのだろう。

この人事が新聞に掲載されたのは２０１３年３月21日で日経平均は１万２６３５円であったが２ヵ月後には１万５６２７円まで23％も急騰した。

新総裁は量的緩和と利下げを連続して断行、前向きな金融緩和策を黒田バズーカ砲（携帯式戦車）と呼んで市場は大歓迎した。これまでの新総裁の政策にはみられなかった、新鮮で常識を破る行動であった。

それまで鳴りを潜めていたヘッジファンドが果敢に動き、アクティビストのダン・ローブ（サードポイント）が東京市場で買い捲くった。休む暇もなく動き、それが口火になり外人投資家が久しぶりに活躍、その後は２０１５年の２万円台超えの強気相場が出た。

残念なことに、ここでは弊害も出た。２０１６年初めのマイナス金利政策の導入である。黒田バズーカ砲の弾薬が払底した。

マイナス金利政策では金融機関が日銀当座預金に預けたお金の金利が▲0・1％になった。銀行だけに適用したものだが、市場で取引される国債の金利は一時▲0・01％まで下落した。銀行が準備預金として手元の資金を日銀に預けると、この計算だと日銀に金利を払わなければならない。

個人の預金は、1年の金利は0・01％なので100万円で1年間預けても100円の金利しかもらえない。バスに乗って銀行まで行くと往復の運賃を400円とすれば300円の損が出る。

現在の金利は銀行が日銀と取引しても、個人が預金してもまったく意味がなく、お金を保管する意味しかない。これがマイナス金利時代の現実である。

景気対策としての政策の狙いは資金を貯めこまず、お金を使って市場に出回る量を増やすことにある。ここで書いたことはきわめて極端な図式ではあるが、日銀の政策の狙いはよくわかる。

ただ老後の蓄えとして利息収入を当てにしていた人には大きな誤算である。このような時代がいつまでも続くことはないにしても、預金の利息を当てにしていた人たちには心配なことである。

一方、株式配当金は金利の低下に逆行して増加する気運が高まってきた。東証の第一部銘柄の平均配当利回りは1・7％である。1000万円で17万円だが、バフェット流の「株式は年10％上がる」を考慮にいれると株式投資の魅力がわかる。

末筆ではあるが、このような視点で本書を読みすすめていただけたら幸甚である。

株価 16/3/31	時価総額（百万円）16/3/31	実績			
		EPS	1株配当金	配当利回り	配当性向
1295	2,326,486	-30.11	64	4.9%	
393	464,877	36.04	18.6	4.7%	52%
959	248,634	56.94	45	4.7%	79%
617	173,119	45.05	28	4.5%	62%
1118.5	1,398,798	19.83	50	4.5%	252%
168.1	4,346,120	12.16	7.5	4.5%	62%
3412	4,824,756	372.89	150	4.4%	40%
285	113,732	44.36	12.5	4.4%	28%
588	122,430	28.17	25	4.3%	89%
401.6	936,177	81.77	17	4.2%	21%
692.3	1,211,094	5.56	29	4.2%	521%
1724	946,595	55.14	71	4.1%	129%
1041.5	4,681,246	55.85	42	4.0%	75%
375	116,092	45.56	15	4.0%	33%
329.6	1,286,589	12.94	13	3.9%	100%
1143	256,673	15.37	45	3.9%	293%
1438	625,530	45.98	55	3.8%	120%
475	100,540	110.34	18	3.8%	16%
4765	2,807,714	176.29	180	3.8%	102%
405	126,971	18.98	15	3.7%	79%
325	543,012	18.43	12	3.7%	65%
433.8	1,082,541	32.03	16	3.7%	50%
570	990,626	112.90	21	3.7%	19%
3935	123,166	236.13	144	3.7%	61%
2201	196,032	63.72	80	3.6%	126%
3975	3,111,888	462.33	144	3.6%	31%
1386	2,304,764	69.34	50	3.6%	72%
1109	162,791	205.04	40	3.6%	20%
4325	239,579	207.84	155	3.6%	75%
4190	375,411	93.65	150	3.6%	160%
367	322,411	37.24	13	3.5%	35%
595	135,854	37.85	21	3.5%	55%
5952	20,148,097	542.35	210	3.5%	39%
5136	4,058,673	332.82	180	3.5%	54%
1615	119,342	124.66	56	3.5%	45%
231	289,096	7.52	8	3.5%	106%
521.5	7,389,057	38.52	18	3.5%	47%
465	285,755	30.70	16	3.4%	52%
451	136,702	30.90	15.5	3.4%	50%
2333	232,854	198.09	80	3.4%	40%
2450	305,824	96.75	84	3.4%	87%
1193	101,131	250.75	40	3.4%	32%
360	121,944	23.66	12	3.3%	51%
180	103,134	-3.37	6	3.3%	
483	134,253	52.59	16	3.3%	30%
9540	341,408	585.57	315	3.3%	54%
1030	567,806	41.36	34	3.3%	82%
1818	726,535	115.19	60	3.3%	52%
1303	103,033	123.90	43	3.3%	35%
2124	254,880	155.92	70	3.3%	45%

〈付録〉配当利回りランキング上位50社（東証１部３月決算会社、時価総額1000億円以上）

NO	銘柄コード	銘柄名	東証 33 業種名
1	8031	三井物産	卸売業
2	8304	あおぞら銀行	銀行業
3	8628	松井証券	証券、商品先物取引業
4	8616	東海東京フィナンシャル・ホールディングス	証券、商品先物取引業
5	8053	住友商事	卸売業
6	8411	みずほフィナンシャルグループ	銀行業
7	8316	三井住友フィナンシャルグループ	銀行業
8	8524	北洋銀行	銀行業
9	8609	岡三証券グループ	証券、商品先物取引業
10	8308	りそなホールディングス	銀行業
11	8601	大和証券グループ本社	証券、商品先物取引業
12	8697	日本取引所グループ	その他金融業
13	7201	日産自動車	輸送用機器
14	9810	日鉄住金物産	卸売業
15	8309	三井住友トラスト・ホールディングス	銀行業
16	8473	SBI ホールディングス	証券、商品先物取引業
17	8729	ソニーフィナンシャルホールディングス	保険業
18	8078	阪和興業	卸売業
19	4528	小野薬品工業	医薬品
20	8714	池田泉州ホールディングス	銀行業
21	7012	川崎重工業	輸送用機器
22	5020	JX ホールディングス	石油・石炭製品
23	8002	丸紅	卸売業
24	9744	メイテック	サービス業
25	8136	サンリオ	卸売業
26	7270	富士重工業	輸送用機器
27	8001	伊藤忠商事	卸売業
28	8545	関西アーバン銀行	銀行業
29	8219	青山商事	小売業
30	6417	SANKYO	機械
31	8354	ふくおかフィナンシャルグループ	銀行業
32	1833	奥村組	建設業
33	7203	トヨタ自動車	輸送用機器
34	4502	武田薬品工業	医薬品
35	4246	ダイキョーニシカワ	化学
36	2768	双日	卸売業
37	8306	三菱 UFJ フィナンシャル・グループ	銀行業
38	6302	住友重機械工業	機械
39	4634	東洋インキ SC ホールディングス	化学
40	6412	平和	機械
41	8586	日立キャピタル	その他金融業
42	5021	コスモエネルギーホールディングス	石油・石炭製品
43	8703	カブドットコム証券	証券、商品先物取引業
44	5706	三井金属鉱業	非鉄金属
45	1820	西松建設	建設業
46	6146	ディスコ	機械
47	6471	日本精工	機械
48	6724	セイコーエプソン	電気機器
49	3738	ティーガイア	情報・通信業
50	4739	伊藤忠テクノソリューションズ	情報・通信業

注・配当利回り=2015年度の実績1株当たり配当金／2016年3月末株価

足立眞一（あだち・しんいち）

京都府生まれ。同志社大学を卒業後、日本経済新聞社を経て、和光証券（現、みずほ証券）入社。取締役国際部長、同株式部長、常務を経て、専務取締役を最後に退任。1998年に投資顧問会社「S・アダチ&カンパニー」を設立して現在に至る。株式投資理論の第一人者であるとともに、絵画投資でも有名。少額の資金から巨額の資産運用をする人まで多様な顧客に対し、しっかりした見方ときめ細かなアドバイスで、抜群の信頼を得ている。主な著書に、『ヘッジファンドの虚実』（日本経済新聞社）、『ビッグバンで資産を増やす』『絵画投資』（東洋経済新報社）、『驚異の大相場予測法』（実業之日本社）、『株の見かた狙いかた』（講談社）、『不安な時代の知的マネー運用術』（中央公論新社）など。

装丁・DTP　加藤茂樹
編　　集　野口英明

株で資産を蓄える
〜バフェットに学ぶ失敗しない長期株式投資の法則〜

2017年1月31日　初版第1刷発行

著　　者　**足立眞一**
発 行 者　**武村哲司**
発 行 所　**株式会社開拓社**
〒113-0023 東京都文京区向丘1-5-2
電話 03-5842-8900（代表）
振替 00160-8-39587
http://www.kaitakusha.co.jp

印刷・製本　**株式会社シナノパブリッシングプレス**

　ISBN 978-4-7589-7017-4　C0033